子ども福祉弁護士の仕事

恩恵的福祉観から
権利的福祉観へ

平湯真人［編著］

現代人文社

はじめに

喜寿が近くなって、自分の生活、仕事、健康などいろいろ変化が生じ、日々考えることも変化が生じてきた。仕事の主たる分野である子ども福祉のケースの一人ひとりが思い出され、目前に迫っていた一つひとつの案件の処理があれでよかったのかどうか、案件の主人公である子どもの権利を一歩でも前進させることができたかどうか、これまでの整理・総括の段階に入ってきた。

私は、社会福祉の役に立ちたいという青年期以来の願望を土台に生きてきたが、この願望に共鳴してくださった方々の協力と励ましをいただいて、子ども福祉に関する書籍を作る決意をした。単なる私の回顧録ではなく、私の仕事の中身を若い方の手によってさらに深めていただければ望外の喜びである。

野麦峠と一〇代の女工

私のこれまでの活動のエネルギーの原点となっているもののひとつが、山本茂実

『あゝ野麦峠――ある製糸工女哀史』である。

明治から大正の時代に、岐阜県飛騨地方の農家の娘たちは、飛騨高山と信州松本を結ぶ野麦街道を通って諏訪や岡谷の製糸工場に働きに出た。生糸は、当時の日本の有力な輸出品であった。『あゝ野麦峠』は、そうした女工たちの生活を描いたノンフィクション文学である。その中に出てくる女工政井みねは、岡谷の工場で重病になり、飛騨からかけつけた兄に背負われて野麦街道最大の難所である野麦峠で、「あゝ飛騨が見える」と言いながら息を引き取った。峠を下り、兄が宿を取ろうとしたものの、背中に背負っているのが遺体だとわかると追い出された。見ていた行商人が「気の毒に」と荷車にみねを載せて運んでくれた。

この作品に描かれている当時の女工たちの姿には、日本が抱えていた貧困、女性への差別、子ども虐待までもが見事に凝縮されている。優れたルポルタージュともいえる。

そして、現在の私たちの社会も、姿は変われど、貧困も女性への差別も子ども虐待も解消することができていない。その意味で、この『あゝ野麦峠』の政井みねのことは繰り返し想起されるべきだと思うのである。

この一〇代の妹と兄が感じたみじめさ、辛さ、悔しさを多くの大人は共有してほしいと願う。そして、今でも、子どもたちが感じているみじめさ、辛さ、悔しさを共有し、子どもの気持ちに寄り添える大人であってほしいと思う。子ども福祉弁護士もそうした大人の一員であってほしい。

施設で暮らす子どもたちの「ふつうの生活」

私は、恩寵園事件弁護団の一員であった。そして、子ども福祉、特に施設で暮らす子どもたちの成長発達権について、「施設内虐待を考える会」などで勉強してきた。

恩寵園裁判で求めた園長の更迭については実現した。これは子どもたちと市民の力が世論を動かしたものであることは明らかだった。ただ、二点ほど指摘されたことがあった。ひとつは、園長の更迭が実現したとはいえ、あまりに遅かったのではないか、遅くなった原因は何かということだった。もうひとつは、生活の本拠である園での生活を「ふつうの生活」としていくことがアドボケーターとしての弁護士の役割だったのではないか、というものだった。

「ふつうの生活」を大切にする社会は、「個々人の生活を大切にする社会」である。この「個々人の生活を大切にする」とは、「個人を尊敬しあう」ということと同じ意味だが、実践するのは簡単ではない。言うまでもないが、ここで「ふつうの生活」というのは、穏やかで問題やトラブルがまったくない、というのではなく、日々穏やかに暮らしていこうと努力を続けている生活である。人間社会では誰の人生においても、言うまでもなく、トラブルゼロということはない。成果がないように見えるときでも、水面下で大きな努力がなされていて、そのような日々が後になって実を結ぶのである。

本書の構成

以上を踏まえて、この本は、次のような構成にした。

第一章で私のこれまでを簡単に振り返ってみた。今思えば、子ども時代の経験が自分の中に残っていて、それに裁判官時代に出会ったいくつかの事件、いくつかの書籍が加わり、弁護士として何をやるかが決まっていったように思う。こうした私の経験を記すことで、読んでくださった皆さんが、自身の経験と結びつけて、子どもに関わる大人のあり方をともに考えていただければと思う。

第二章では、私にとってとりわけ思いが残る事件である「恩寵園事件」について、あらためて当時入所児童として闘った方々と、それを支えた弁護士、支援者に集まってもらい、座談会を企画した。当時の子どもたちが大人たちをどう見ていたか、生の声の中から子ども福祉について考えていただければと思う。

第三章では、「恩寵園事件」に端を発して私のライフワークになった養護施設内の人権問題について、「施設内虐待を考える会」を中心になって進めてくださっている掛川亜季氏、施設内で虐待の問題と取り組んできた関貴教氏、黒田邦夫氏に原稿をお寄せいただいた。施設内人権を考える会の取組みから子どもたちの声を掬い取ろうとする大人の姿を共有したい。

第四章では、川松亮氏に子ども福祉のこれまでとこれからの課題を概観していただくとともに、私がこれまで感じてきたことを、「『子ども福祉弁護士』の活躍を願って」としてまとめた。子ども福祉の分野は、着実に進歩してきているが、ともすると、「恩恵としての福祉」に逆戻りしそうになる可能性もある。子ども福祉が進んでいくべき方向を確認したい。

この本は、私という個人がきっかけになっているが、多くの方々にご協力いただき、子ども福祉弁護士のあり方を考える材料になった。

以上、この書籍のできた経過の説明としてやや長い前書きとなった。手に取ってくださったみなさま、また、本書の発刊にあたってご尽力いただいた執筆者、座談会出席者ならびに『子ども福祉弁護士の仕事』刊行委員会ほか多くの方々に、厚く御礼を申し上げる。

二〇二〇（令和二）年二月七日　平湯真人

第3章
子どものために大人は何をすべきか
「施設内人権を考える会」の活動から

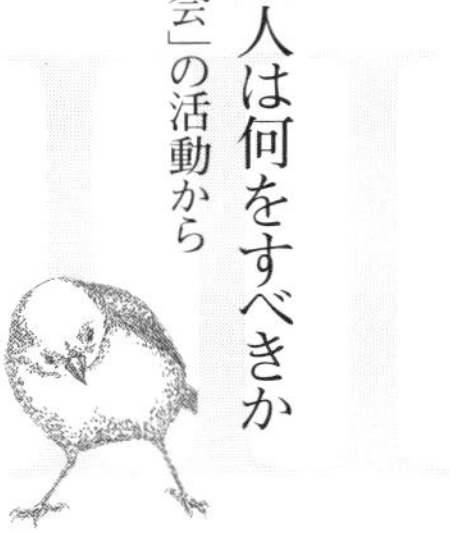

第4章 「子ども福祉弁護士」に求められるもの

* 「法と民主主義」四五八号（二〇一一年）より加筆のうえ掲載

** 「人権回復の場としての施設」平湯真人編『施設で暮らす子どもたち〔第三版〕』（明石書店、二〇〇〇年）を要約・加筆のうえ掲載

*** 「季刊　人間と教育」九五号（旬報社、二〇一七年）より加筆のうえ掲載

【凡例】

・註は、註番号近くの頁に傍註として示した。
・〔→●頁〕とは、「本書の●頁以下を参照」を意味する。
・判例は、たとえば、「最高裁判所令和二年二月二八日判決」の場合、「最判令二・二・二八」と表記した。
・初出の年については、西暦を先に表記し、和暦を併記した。

第 1 章

子ども福祉弁護士へ

私の生き方の土台は、社会福祉の役に立ちたいという願いだ。二三年間は裁判官として事件に向き合い、四八歳からは弁護士として子どもに向き合ってきた。また、根底には両親が私に刻み込んでくれた「子ども観」がある。子どもに関わる大人のあり方を考えていきたい。

平湯真人（弁護士）

1／子ども時代の記憶

〝泥棒〟の記憶

私が小学生だった昭和三〇年ごろに、父親が病気だったこともあり、私の家庭は、短期間だが生活保護を受給したことがある。そのことは、子どもの貧困対策の推進に関する法律制定との関係で、「人間と教育」に、二〇一七（平成二九）年当時に思っていたことを書いたことがある［↓一九三頁］。このころの記憶で鮮明に残っているのが、小学校低学年だった私の〝泥棒〟の記憶だ。当時、家計の足しにと早朝から母親が納豆を仕入れに行き、竹籠に入れて自宅周辺を売り歩いていた。私は、納豆の販売代金を、親に隠れてかすめ取った。

私の祖父は天皇を崇める教育者で校長も務め、長男である私の父が教員となることを楽しみにしていた。思想傾向は一緒ではなかったが、互いに尊敬し合っていたと思う。父は東京の師範学校のときに左傾化して警察に睨まれ、退学となった。諦めきれなかった祖父は、国民思想文化研究所という善導機関への入所の途までつけたが、父がどうしても首を縦にふらず、公立教員への途は閉ざされた。

父は東京で青年教育の研究機関や満州開拓の本部の職に就き、母と結婚した。祖父と祖母はともに母をサポートしてくれた。戦後は一九四八（昭和二三）年に福岡市に住み、開拓団の残務整理をしていたが、同年に東京の杉並区に移り住んだ。日教組の機関紙「教師の友」編集部に務めたが、ＧＨＱの組合弾圧で会員収入が払われなかったため給与は出ず、母が納豆売りの内職をしながら、永福文庫（貸本屋）も営み、私たち子どもも手伝った。その後、数年間は教科書の出版社である明治図書に務め、一九五七（昭和三二）年に同人月刊誌「母と子」を創刊した。原稿と編集は父親、経理作業は母親、発送作業は家族で行った。教育研究全国集会などの集会で会場販売し、それなりの売り上げを確保したことで、家計が安定したため、私は自費で大学に進学できた。

一九四三年（昭和一八年）三月九日生まれの私は、兄、妹の三人兄妹である。当時、母が売り上げた納豆の売り上げを、バレないようにかすめた私は、自宅近くの駄菓子屋でお菓子を買っていた。しかし、両親にはそれがわかっていた。それを知った私は両親の前で、大声をあげて泣いた記憶がある。父親も母親もともに、いっさい私を咎めなかったし、話題にもしなかった。この「何も言わない」ことを最後まで貫いてくれた父親の態度は、その後の私の人生や仕事でマイナスにはならなかった。それは少年にかかわる事案に特徴的にあらわれた。

両親の教え

弁護士となり、車の無免許運転を繰り返した末に、助手席にいた友人を死なせてしまった男子高校生の事件を引き受けたことがあった。彼はヤクザともつきあいがあるような生活を送っていたが、友人を失ったことを十分反省していることはわかった。しかし、生活の中身をすぐに転換できるわけはなかった。損害賠償を求められ、彼の両親は「うちにはお金がない。なのにこんなことをしでかして……」と愚痴をこぼす。私は、「息子さんはこの事態を自分の中でどう扱っていいのか、整理できていないのです。今は愚痴をこぼしてはいけない。子どもを信じましょう。君にはこんなに良い所がある、と褒めて励ましてあげてください」と話した。

考えている子どもを怒鳴りつけたり、罵声を浴びせあうような夫婦喧嘩を子どもの前でしたりすることは、子どもにとっては理不尽である場合が多い。なぜならば、子どもには考えたり、迷ったりする充分な時間が保障されるべきだからだ。また、黙ってはいても争う両親の姿を目にすることは子どもの安心・安全にはつながらない。子どもを叱らずに、子どもが自分で考えて、どうするかを決めていくことの大切さを、私は自分の両親から教えてもらったと思う。

2／裁判官としての経験

人を裁くことの怖さ

司法試験に合格後、司法修習（実務修習は長崎）を終え、一九六八（昭和四三）年四月に判事補に任官した。

長野地方裁判所に赴任時の一九七三（昭和四八）年に、連合赤軍山岳ベース事件[▼1]のいわゆる一般兵士四名を被告人とする刑事事件を担当した。国選弁護人は、「被告人は上部の指示に従わなければ自分も殺されると追い込まれていた」「被告人に違法行為を行わないことを期待することはできなかった。つまり、被告人の追い詰められた状況下では、当該行為をせざるをえなかった。だから被告人に刑事責任を問うことはできない」と主張した。合議体で相当に突っ込んで検討した結果、期待可能性は認められるとして有罪となった。ただし、求刑をかなり下回る懲役刑という判決になった。裁判官として判決をしただけの責任を取れるのか？　判決をした責任とは何か？　その後しばしば自分の起案した文章を取りだしては読み返すということを繰り返した。

違憲判決の反動

私は、一九七九（昭和五四）年に、公職選挙法一三八条のみなし戸別訪問禁止規定に関し、

▼1　一九七一（昭和四六）年から一九七二（昭和四七）年にかけて起きた連合赤軍によるリンチ殺人事件。

違憲判決を下した。[2] それまで、全国でいくつかの戸別訪問違憲判決が出ていた。後から聞いた話ではあるが、最初に戸別訪問事件で違憲判決を出した私の尊敬する先輩のA元判事は、「違憲判決を書いた反動で、最高裁判所に盾突いた人物」と評され、その後の裁判官生活のほとんどは支部の勤務となったとのこと。私も、宮本判事補再任拒否事件[3]に反対の声をあげる等していたため、すでに最高裁判所から睨まれており、その後の待遇（赴任地や給与）は厳しくなった。ただ、「支部勤務でも生きがいはあるはず」と考え、裁判所内でさまざまな取組みを行った。裁判官は、国民・市民に対してもっと親切でなければならないと思い、ささやかなことでも取り組むように努めた。

家事事件を担当する比重が大きくなってくると、代理人をつけず裁判手続を進める本人訴訟が多いことに気づいた。それまでは、調停に出席するそれぞれの当事者の待機場所は特に設けられておらず、双方混在で対立する当事者の鉢合わせもあった。そこで、廊下にベンチを設け、

▼2　福岡地柳川支判昭五四・九・七判例時報九四四号一三三頁。柳川市議会議員であった被告人は、一九六九（昭和四四）年七月七日の参議院議員通常選挙に際し、立候補者の演説会の勧誘のため、演説会の開催場所等が記載された政党機関紙号外を配布し、居合わせた人に演説会を聴きに来るよう声をかけた。この行為が、公職選挙法一三八条一項に規定する選挙運動のため戸別になされた演説会の告知行為に該当し、同条一項で禁止される戸別訪問とみなされるとして起訴され、福岡地方裁判所柳川支部赴任中の筆者が裁判官として第一審を担当した。のちに、控訴審で破棄自判（福岡高判昭五七・三・二五判例時報一〇五七号一五二頁）、上告審で棄却（最判昭五八・一一・一〇判例時報一〇九九号二九頁）。

▼3　一九七一年、最高裁判所が熊本地方裁判所判事補宮本康昭氏を再任名簿から除外し、再任を拒否した事件。下級裁判所の裁判官の任期は一〇年となっており（憲法八〇条一項、裁判所法四〇条三項）、任期終了ごとに内閣によって再任が判断される。もっとも、慣例上再任が拒否されることはほとんどなく、また再任拒否事由を明らかにしなかったことから、不当な理由によるとの憶測を呼び、多くの批判がなされた。

これを避ける方法を模索した。このようにささやかながら、裁判官として、本人訴訟を支える仕組みを試みた。随分、昔のことである。

差別を知り、考える

一九八七（昭和六二）年、甲府の裁判所に赴任してからは、さまざまな事件で在日朝鮮・韓国人の方々が本人・証人として尋問を受けるケースが多くあった。そのほとんどの人が「外国人」であるにもかかわらず、流暢な日本語を話していた。私は、就職差別や結婚差別などがあるということは活字の上では知ってはいたが、観念的なものに留まっていた。法廷で彼らの話を聞きながら、日本に住みたくて住んでいるわけではないと私は知って、なぜ日本に来たのかと疑問が膨らんでいった。とりわけ、高校野球参加資格問題やチマチョゴリ切り裂き事件[4]など、子どもまでもがいじめられていることについて、腹に据えかねた。その後、隣国の言葉くらいは覚えたいとハングルの勉強をはじめたものの、挫折してしまった。

▼4　一九八九年の「パチンコ疑惑」や一九九四年の核開発疑惑など日朝関係の悪化等を背景に、女子学生のチマチョゴリ（民族衣装）が切り裂かれたり、朝鮮学校に繰り返し脅迫電話がかけられるといった事件が起こった。

子ども福祉への思いの芽生え

子どもたちの権利に関しては、永井聖二・大嶋恭二著『絆なき者たち――家なく、親なく、学歴もなく』（人間の科学社、一九七五年）が、私に与えた影響も大きかった。

社会的養護のもとで生きる子どもたちに関する問題については、一九六七（昭和四二）年の自立援助ホーム「いこいの家」の設立や、良心的な福祉関係者や市民の活動も生まれていたが、まだまだ社会的関心は小さなものだった。この書籍には、アンケートと聞取り調査をもとに、進学率の低さを始めとする客観的なデータと、子どもたち自身の生の訴えがあふれ、遅れている日本の社会的養護政策が指摘されていた。

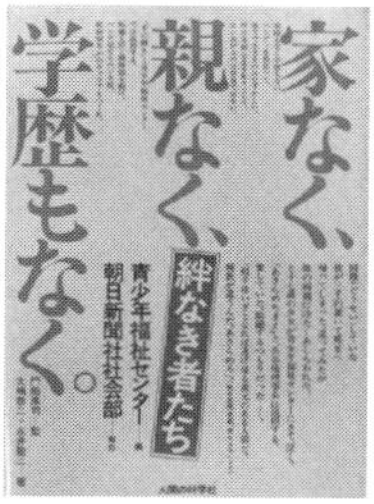

『絆なき者たち』
（人間の科学社、1975年）

しかし、その後も、全国児童養護施設協議会（全養協）に所属する児童養護施設の職員であっても一部を除いて児童養護施設内での暴力や虐待に関心を持つ人は少なかった。そんな中、心ある職員たちによって、全国社会福祉協議会養護施設協議会編『作文集　泣くものか――子どもの人権10年の証言』（亜紀書房、一九七七年）などが発刊されたり、シンポジウム「子どもの人権を護るために」（一九六八～一九七八年）が開催されたりするなど、「親が子を見捨てるということは、子どもの権利を侵害している」「親から被害を受けた子ども」という概念が確認されていった。

一九七九年は、一九五九（昭和三四）年に国連で採択された「子どもの権利宣言」から二〇周年を記念した国際児童年とされ、国連人権委員会の中に「子どもの権利条約」の作業部会が設置された時期でもあり、日本でも関西のグループが中心となって、国連へ子どもの権利に関する日本の状況についてのレポートが提出されていた。

そうした中、東京の児童養護施設出身の二〇代の青年が起こした刑事事件の裁判があった。被告人の歪んだ生い立ち、児童養護施設内での職員や、ほかの措置児[5]からの残虐な暴力の不当性を、刑事弁護の情状の立証手続の中で告発し切り込んだ木下淳博弁護士の活動と、「あの子を放っておいていいのか！」と支える支援者の取組みに心打たれた（横川和夫著『荒廃のカルテ——少年鑑別番号１５８９』〔新潮社、一九八三年〕）。また、日本弁護士連合会の月刊誌「自由と正義」に掲載された吉峯康博弁護士の少年事件に関する特別報告[6]などを食い入るように読んでいた。

▼5　保護者がいないか、または保護者があっても、虐待、放任等の理由により適切な保護を受けることができない等福祉を阻害されている児童に対して、児童相談所、福祉事務所を窓口として、相談指導が行われるほか、必要に応じて児童福祉施設である乳児院、児童養護施設に入所させ、あるいは里親に養育を委託する等その児童の年齢、性格・行動、家庭環境等を考慮した措置が採られることとなっている。

▼6　高野隆・須網隆生・吉峯康博「第８回国連犯罪防止会議の報告」自由と正義四二巻二号（一九九一年）一四四頁。

甲府に赴任してからは、山梨県内や近県の児童養護施設二カ所、教護院二カ所をはじめとして裁判官として訪問するようになった。その後、一九八九（平成元）年には「子どもの権利条約」が国連で採択されたが、日本の批准には、一九九四（平成六）年まで待たなければならなかった。

裁判官を辞して

裁判官としてこのような体験を経たり、思いを感じる中で、弁護士であれば、さまざまな社会的課題に弁護団の一員として、また弁護士会として取り組むことができ、これまで憤りを覚えてきた問題についても本人の隣で一緒に悩む存在として何かができるのではないかと考えるようになった。一九九一（平成三）年、父親の病気を機に四八歳で裁判官を退官し、弁護士としての活動を始める決心をしたのだった。

3 子どもとともに悩む弁護士として

子どもの権利委員会

初めて東京弁護士会の人権と少年法に関する特別委員会（以下、子どもの権利委員会）に参加したのは、弁護士登録をした一九九一年の夏だった。当時の古い弁護士会館の二階の会議室を訪れた。

二〇人ほど委員のみなさんがいて、まずは、「端の方の椅子で傍聴をさせてください」とお伝えしたのだが、委員長の小笠原彩子弁護士から「そんなことを言わず、一緒にテーブルの方に」と勧められ、すぐに仲間として受け入れていただいた。

正式に委員となってほどなく、養護施設の調布学園の指導員の方が、倉岡小夜『和子6才いじめで死んだ――養護施設と子どもの人権』（ひとなる書房、一九九二年）を携えて、弁護士会に乗り込んできた。一九八二（昭和五七）年に岡山県の養護施設[7]で生活していた六歳の女の子がほかの入居児童から集団暴行を継続的に受けて亡くなった事件を、丁寧に分析したルポルタージュである。その指導員の方から、「弁護士は付添人として一万人の非行少年のためには動くのに、なぜ三万人いる養護施設の子どものために動かないのか？」と訴えがあった。これに対して子どもの権利委員会としてどんな取組みをすることができるのかを、木下淳博弁護士、坪井節子弁護士、私が検討することになった。

　子どもの権利に関心のある弁護士はみな、養護施設内の体罰の問題について、「どうにかしなければいけない」という思いは持っていたものの、どこから始めたらいいのか、手探りの状態だった。

　まずは現場を知るということで、調布学園に宿泊させていただき子どもたちや職員の話を聞かせてもらったり、出版されている関係書籍を読んだりすることから始めることにした。その中で、この「知る」ということがすべての出発点ではないか、ということが参加している委員の中で共有された。そして、知っていることをただ温めておくのではなく、多くの方に広めていく必要があるということで、『和子6才いじめで死んだ』をもとにした演劇を

『和子６才いじめで死んだ』
（ひとなる書房、1992年）

▼7　一九九七年児童福祉法の改正（一九九八年施行）により、養護施設から児童養護施設へ名称が変更。

弁護士と子どもたちで上演した。また、「知ってください！　養護施設のことを」というパンフレットを子どもの権利委員会として作成することになった。

このような形で始まった取組みが、子どもの権利委員会内に福祉部会を作る契機となり、「施設内人権を考える会」〔↓一二五頁〕の活動へとつながっていった。

児童相談所の協力弁護士・非常勤弁護士

子どもへの虐待に対する取組みなどの福祉部会の活動を進めていくと、東京都の児童相談所への働きかけを行う場面が多々出てきた。具体的な子どもの権利を守るという点から早期の保護を求める弁護士と親との関係を重視する児童相談所は対立関係になる場面も多かった。しかし、児童相談所を孤立させても問題は解決しないとの議論から、福祉部会所属の弁護士が、都内の各児童相談所の担当となり、「何かご相談はないでしょうか？」と御用聞きから始めていくことになり、私は八王子児童相談所の担当になった。

児童の不保護につき児童相談所に対する批判も多くなっていく中で、児童相談所自身も「このままではいけない」と積極的に虐待親からの一時保護に取り組むケースが出てくるようになり、親権の停止や喪失の申立ての手続について弁護士に相談してくるようになっていった。

その後、児童相談センターでの月一回の児童相談所職員向けの法律相談に移行し、輪番制で福祉部会の弁護士がおもむいた。東京都としてこれに法律相談としての予算をつけるにいたり、さらに二〇〇四（平成一六）年には再度福祉部会の弁護士が担当となり、各児童相談所に、非常勤弁護士として月二回対応することになっていった。私も二〇一二（平成二四）年まで、児童相談所で児童福祉司たちからの相談を受け、親権の停止（保全）・喪失に関する申立書の作成や、裁判所での審判への代理人としての出廷などの仕事を行った。

児童相談所にはさまざまな問題があるが、このような形で中に入ると児童福祉司や児童心理司がいかに激務かがわかる。彼らは本当にたくさんの子どもたちを担当している。私はそうした児童福祉司や児童心理司を援助することが児童相談所につながっている子どもたちの援助につながると考え、「児童相談所の応援団」を自称し、仕事をしてきた。ここでの経験は、二〇〇三（平成一五）年、二〇〇七（平成一七）年の国会での参考人としての発言［↓三六頁］などさまざまなところで活きている。

カリヨン子どもセンター

『和子6才いじめで死んだ』をもとにしたお芝居は、その後、子どもの権利委員会主催の、弁護士と子どもたちでつくるお芝居「もがれた翼」として毎年、その年にトピックとなっている子どもの権利に関するテーマを取り上げて脚本づくりをし、上演されてきた。[8] 二〇〇二（平成一四）年のテーマは、弁護士がいつでも駆けつけることができる「子どものためのシェルター」だった。[9] 上演後、「ぜひ、このようなシェルターを作ってほしい」との反響が大きく、坪井節子弁護士を中心にカリヨン子どもセンター[10]が二〇〇四年に設立された。現在は、シェルター二カ所、自立援助ホーム二カ所等を運営し、一五年間で四〇〇名を超える子どもたちに利用されてきた。

私は、設立準備段階から理事として関わる一方で、シェルターに入居する子どもの〝子ども担当弁護士〟としても活動した。その中で、この子ども担当弁護士としての活動は「リーガル・ソーシャルワーカーである」と感じた。子どもを取り巻く社会資源をつなぐソーシャルワークを法的な視点を持ちながら行う点でまさに〝子ども福祉弁護士〟の実践の場であった。担当

▼8 〈https://www.toben.or.jp/know/iinkai/children/tsubasa/〉.

▼9 〈https://www.toben.or.jp/know/iinkai/children/tsubasa/part9.html〉.

▼10 「今晩、泊まる場所がないハイティーンの子どもたちの居場所をつくりたい」と「子どもシェルター（緊急避難場所）」運営を目的に二〇〇四年六月坪井節子弁護士を中心にＮＰＯ法人「カリヨン子どもセンター」としてスタートした団体。二〇〇八年三月に社会福祉法人化した。現在は自立援助ホーム、カウンセリングやＯＢ・ＯＧも利用できるデイケアと司法面接のための「カリヨンハウス」も運営している。シェルターを求める子どもや子どもから相談を受けた大人は、まず東京弁護士会・子どもの人権救済センターの「子どもの人権一一〇番」に連絡する。子どもに応対し相談を受ける問題の解決まで寄り添う弁護士を「子ども担当弁護士」と呼んでいる。子ども担当弁護士は、児童相談所や福祉事務所、カリヨン子どもセンターなどと連携して活動する。

した子どもたちの中では、受験期に女子シェルターに駆け込んだ一五歳と一八歳の二人が印象に残っている。二人とも、両親から過度な教育の押しつけを受け、自由な進路希望選択を奪われるという暴力行為やネグレクトとは異なる不適切な養育によって心を大きく傷つけられていた。〝教育虐待〟とでも言うべき新しいタイプの虐待ではないかと考えた。私は、調停制度などを活用し、学費・生活費の確保のため両親との関係調整を子ども担当弁護士として行った。

子どもシェルターの取組みは大きく広がり、現在では、全国一四カ所で、子どもシェルターが運営されている。

アジアの売春防止運動

私は、裁判官時代から、在日外国人の問題にも関心があった。そのなかで、妓生《キーセン》旅行[11]を知った。妓生旅行は、さまざまな批判を受けながらも一九九〇年代まで続いた。

また、アジア蔑視、女性蔑視、子どもの人権の軽視のなかで、経済的優位に基づく財力にものを言わせて、東南アジアの発展途上国の子どもを弄んでいた。

▼11 韓国への旅行の際に、「妓生」の見合い、ホテルに「妓生」が来ることなどがセットされている旅行。

アジア観光における子ども買春根絶キャンペーンが一九九〇（平成二）年に開始され、一九九一年には各国のＮＧＯや政府機関、ユニセフなどによるエクパットというネットワークが組織された。このエクパットに関わっているアジアの国々からは、日本は最大の買春客送り出し国の一つだと指摘を受けてきた。また、このころ、日本人がアジア各国で子どもの買春で逮捕されるという事件が相次いだ。

こうした現実に対し、子どもの商業的性的搾取に対する世界会議が一九九六（平成八）年八月にストックホルムで開かれたが、その世界会議のアジア・太平洋準備会議が同年四月にバンコクで行われた。そこに、坪井節子弁護士とともに出席し、同年六月のフィリピンでの現地調査にも参加した。そのなかで、子どもたちの被害の実情と、現地で子ども買春をなくすために努力している人たちの努力を知ることの重要性を痛感した。そして、子ども買春をなくすためには、アジア蔑視、女性蔑視、子どもの人権の軽視の思想を、家庭や学校の教育の力で変えていくことが必要だと考えた。

弁護士としてできる行動を考え、一九九六年八月、フィリピンの一二歳の少女から委任を受けて日本人男性を神奈川県警に告訴した。

その後、児童買春を処罰すべきだという声が市民から高まり、一九九九（平成一一）年、「児童買春、児童ポルノに係る行為等の規制及び処罰並びに児童の保護等に関する法律」が議員立法で制定された。アジア各地での日本人の児童買春を処罰すべきだという声は、この法律の中で、児童買春については国外犯も処罰される（一〇条）という形で実を結んだ。

二〇〇一（平成一三）年には、横浜で第二回世界会議が開かれたが、このころから日弁連の福祉小委員会の弁護士たちもこの問題に積極的に関わるようになってくれた。

福祉小委員会

弁護士登録の翌年一九九二（平成四）年から、日弁連の子どもの権利委員会の委員としての活動も始めた。この子どもの権利委員会に、子どもの福祉について考える福祉小委員会が設置され、全国各地で子どもの権利擁護のために奔走する弁護士たちとつながることができた。

私は、この小委員会の委員長として、『子どもの虐待防止法的実務マニュアル』（明石書店、一九九八年）の発刊に関わった。各地の弁護士が児童相談所の契約弁護士や非常勤弁護士などとして児童相談所に関わり始めたころ、そうした弁護士たちがぶつかる疑問に応えるものを作ろうと、全国から若手弁護士たちが集まって作った本である。幸い版を重ね、今でも児童相談所に関わる弁護士や実務担当者に広く利用されている。

東アジア・東南アジアへの買春ツアーに対峙する中で、子どもが買春の被害者になることを目の当たりにした私たちは、国内でも同様の問題があることを感じた。そこで、児童買春防止法の制定を求める運動に取り組み、一九九九年五月、児童買春防止法（児童買春、児童ポルノに係る行為等の規制及び処罰並びに児童の保護等に関する法律）が制定された。さらに、二〇〇三年の児童福祉法改正では、改正に向けて日弁連の意見書を取りまとめるなどした。

日弁連の活動は多岐にわたるが、立法に関われる魅力がある。特に現行法に課題がある場合、運用をいくら努力しても、法改正あるいは立法なくしては事態を打開できないことは、弁護士であるからこそ痛感するところであり、また、法のどの部分をどのように直すと適切かを法律の専門家として考えることができる。したがって、法に不備がある場合には、その不備解消に向けて行動することも弁護士の大事な役割であると考える。また、個別の弁護士が意見を表明するだけでなく、弁護士会、中でも日弁連という全国組織としてさまざまな意見を踏まえ、検討を重ねたうえで、意見書等により見解を表明することは大きな意義がある。私は、児童福祉法や虐待防止法の改正、少年法の改悪阻止などについて弁護士会内での検討に関わることができた。

「なくそう！　子どもの貧困」全国ネットワーク

貧困問題が子どもに与える影響は、私にとっては常に中心的な課題であった。少年非行の背景に貧困問題があることは裁判官時代から感じていたが、一時期「貧困を背景としない非行」に焦点があたったり、暉峻淑子『豊かさとは何か』（岩波書店、一九八九年）で「豊かさ」「貧しさ」の再検討がなされるなどもした。弁護士会の子どもの権利委員会でも、少年司法、教育、児童福祉（親権法）が主要な関心であり、それぞれが貧困問題と結びつけられることはなされてこなかった。

しかし、貧困な状況が子どもたちに与えている影響は確実にあった。それを統計等を通じて、その実態を理論化していくことが、日本では成功していなかった。

二〇〇六（平成一八）年の日弁連の人権大会で「現代日本の貧困と生存権保障　多重債務者など生活困窮者支援と生活保護の現代的意義」が分科会のテーマとして取り上げられ、私は、子どもの権利委員会から分科会委員に選出され、シンポジウム作りに参画した。

その後の二〇〇八（平成二〇）年の「労働と貧困　拡大するワーキングプア——人間らしく働き生活する権利の確立を目指して」を経て、二〇一〇（平成二二）年には「子どもの貧困——すべての子どもの生存と発達を保障するために」が分科会のテーマとされた。私はこれら分科会の委員も務めたが、この分科会では、弁護士として経験した子どもの貧困に関わるケースの紹介、各地の養護施設等の状況の調査、イギリス・ドイツ・フィンランド・アメリカの子どもの貧困対策、奨学金制度等の視察調査等を基礎に、子どもの貧困の要因分析や解消に向けた提言に取り組んだ（日本弁護士連合会第五三回人権擁護大会シンポジウム第一分科会実行委員会『日弁連　子どもの貧困レポート――弁護士が歩いて書いた報告書』（明石書店、二〇一一年））。他方、研究者のなかでも、子どもの貧困に関する著作が発表され[12]、子どもの貧困への関心が高まってきた。

そのような取組みが重ねられ、高校授業料無償化目前であった二〇〇九（平成二一）年末、中学生・高校生の卒業と進路確保の危機である卒業クライシスが明らかとなった。高校の全課程を修了しているにもかかわらず、経済的な理由により授業料を滞納していることから卒業資格が得られず、卒業式に出ることができなかった高校生の存在が浮き彫りになったのである。

この現実的な緊急課題の克服に向けて、二〇一〇年一月三一日、「なくそう！　子どもの貧困」全国ネットワーク準備会が市民、研究者等で立ち上げられ、私も世話人の一人として加わった。卒業クライシスへの取組みを経て、同年四月二五日、記念シンポジウムを開催すると同時に、

▼12　阿部彩『子どもの貧困――日本の不公平を考える』（岩波書店、二〇〇八年）、子どもの貧困白書編集委員会編『子どもの貧困白書』（明石書店、二〇〇九年）、松本伊知郎編著『子ども虐待と貧困――「忘れられた子ども」のいない社会をめざして』（明石書店、二〇一〇年）など。

正式設立となった。

メーリングリストでの情報発信・情報共有を中心とした（そこでは各地の取組みなどが活発に交換されてきた）〝ゆるやかなつながり〟を標榜し、シンポジウム、セミナーや立法提言等も行ってきた。また、この「なくそう！　子どもの貧困」全国ネットワークの中心となっているメンバーで、子どもの貧困を網羅した『子どもの貧困ハンドブック』（かもがわ出版、二〇一六年）を刊行した。さらに、二〇一九（令和元）年の子どもの貧困対策の推進に関する法律が改正され、また子供の貧困対策大綱が五年後見直しにより改訂されることとなっていたが、この過程でもネットワークは、院内集会や子どもの貧困対策議連への働きかけ等を行った。その成果もあり、法改正では市民の立場から求めた内容がかなり取り入れられることとなった。

また、学習支援や子ども食堂の取組みの交流もこのネットワークを中心に続けられ、全国的に広がっていく起爆剤となっている。この市民の〝ゆるやかなつながり〟は、今の時代にあった、活動のスタイルだと思ってきた。子どもの貧困への関心は、大きく広がっており、私自身このネットワークで広がった人間関係も多い。これからも大切な役割を持つ活動だと思っている。

少年法改正

私が弁護士になる以前から、検察庁・法務省は失地回復を図ろうとしてきた。失地回復とは、戦前の旧少年法における検察官関与の復活である。少年法は繰り返し改正されてきたが、このことについて、二〇〇一年五月には、石井小夜子弁護士、坪井節子弁護士と『新版　少年法・少年犯罪をどう見たらいいのか』（明石書店）を出版している。

とりわけ、二〇一四（平成二六）年四月一一日に成立した改正少年法は、検察官関与制度拡大と厳罰化を内容とする、少年法の理念と強く抵触するものだった。私は、仲間の弁護士らとともに「少年法『改正』に反対する弁護士・研究者有志の会」を作り、広く一〇〇万人請願署名を提起し、最終的には六二万人の署名を集めて国会に提出した。私は、署名運動の事務局を引き受けてロビー活動に力を注いだ。署名活動により反対の声は広がり、院内集会もたびたび開催されることとなる。私たちは、検察官関与対象事件拡大は、少年審判の刑事裁判化をさらに進め、少年法の理念を変容させるものであること、有期刑の長期化は子どもの更生を著しく困難にし、非行予防の効果もないことを繰り返し訴え、強く反対してきた。

衆議院法務委員会では、有志の会の呼び掛け人である坪井節子弁護士と村井敏邦弁護士（当時、大阪学院大学教授）が参考人として出席し、非行を子どもの育ちの問題として捉え、子ど

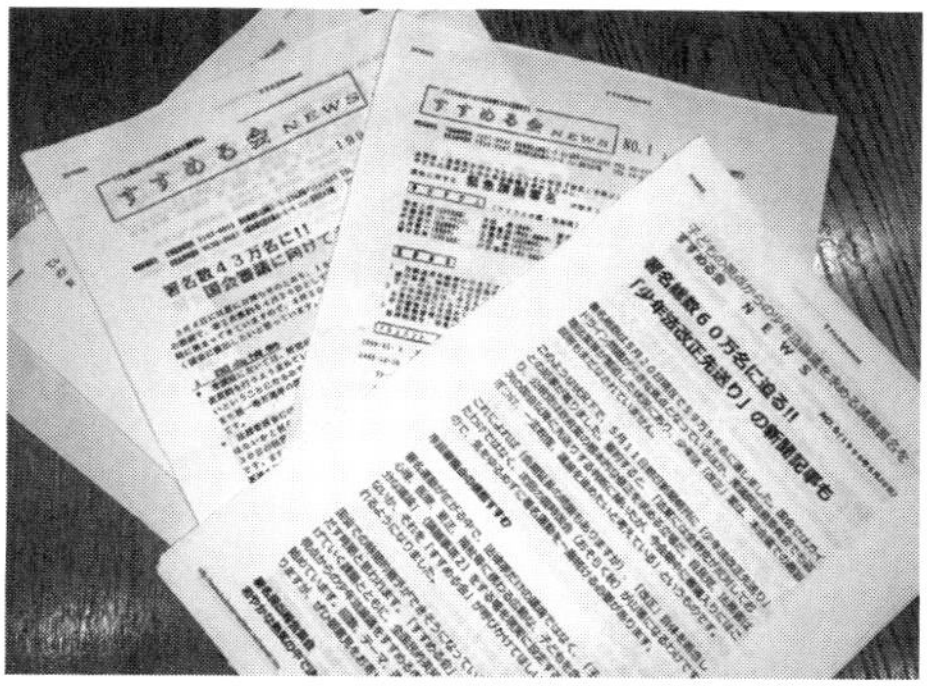

子どもの視点から少年法論議を求める請願署名をすすめる会NEWS

もの健全な成長発達をはかることを通じて、非行という問題を解決することを目指す少年法の理念の重要性、そこに検察官は必要ないこと、検察官の関与が事実認定の適正化に資することはなく、むしろ、冤罪の危険が高まること、また、長期処遇を受けた子ども達の社会復帰がいかに困難で、更生の妨げになっているかを指摘し、検察官関与拡大と厳罰化について強い反対意見を表明した。

改正法は成立してしまったが、参議院法務委員会で、「検察官関与制度の趣旨が事実認定手続の適正化にあることに鑑み、改正後の同制度が少年法の理念にのっとって適正に運用されるよう、十分配意すること。また、少年審判に関与させる検察官について、少年の心理及び審判の特質に関する理解を深めさせること」といった付帯決議がなされるなど一定の成果もあった。

国会での発言

私は、子どもの虐待に関して、三回、国会で参考人として発言する機会があった。

二〇〇三年五月の発言では、①発生予防、②早期発見、③被虐待児童の保護、④保護後の心身の回復、⑤親への援助、⑥啓発という課題について法に盛り込むことを求めた。また、裁判所の関与が必要な場合として、親が子を外に出さない場合、親が医療的なネグレクトをする場合、親が児童相談所の指導にのらない場合をあげた。それから一七年近くがたち、この時発言した内容の多くは法律化されてきたと思う。

また、二〇〇七年三月の発言では、❶児童相談所の立入調査、❷親権制限と懲戒権規定の廃止、❸親に指導する職員体制の充実（数と質の向上）などについて話した。この国会で成立した児童虐待の防止等に関する法律（以下、児童虐待防止法）および児童福祉法の改正では、

i　児童の安全確認等のため、裁判官の許可状を得た上で、解錠等を伴う立入を可能とする立入調査等の強化

ii　保護者に対する面会・通信等の制限の強化、都道府県知事が保護者に対し児童へのつきまといや児童の住居等付近でのはいかいを禁止できる制度の創設等

iii 保護者に対する指導に従わない場合の措置の明確化

という点が改正されたが、私たち参考人の発言を汲んだ改正であったと思う。その後の改正でも、私たちの仲間が国会で参考人として発言している。現場を踏まえて法や制度を変えていくのも子ども福祉弁護士の役割だと考えている。

そこで、少し前の国会での発言になるが、子どもからの相談や児童相談所での活動という現場からあげた法改正が必要だという声が実際の改正に結びついてゆく姿を確認していただきたく、ここに所収するものである。なお、読者の便宜のために筆者の責任で修正している。

第一五六回国会衆議院青少年問題に関する特別委員会参考人としての発言[13]

平湯 三年前、さまざまな虐待の事例が新聞、テレビで報道されました。また、児童相談所が、いくつかの地域を転々とした子どもについて、連係プレーができなくて死なせてしまったケースが報道された結果、早期発見、そして児童相談所が早期に介入しました。子どもを保護するということの大事さというのが非常に鮮明に出ていた時期だと思います。児童虐待防止法もそういう

▼13 平成一五年五月二九日「第一五六回国会　青少年問題に関する特別委員会　第九号」〈http://kokkai.ndl.go.jp/SENTAKU/syugiin/156/0073/15605290073009a.html〉。

目的に沿って必要な規定を盛り込んでいただいたわけですが、それによって、通告件数も急増しました。また、それに伴っていろいろな問題が見えてきた三年間だったと思います。

私が関わっています日本子どもの虐待防止研究会[14]は、虐待に関する福祉・医療・保健・教育というさまざまな分野の専門家を中心にした研究団体です。そちらで児童虐待防止法の見直しに向けての提言を取りまとめて、今年の二月に発表しました。今日はこれに沿って話をさせていただきます。

この提言の取りまとめの総論は二つあります。一つは、児童虐待防止法の一条に、虐待が子どもの人権の侵害であるということと、それから家族への支援。これらを目的として明記していただきたいということです。もう一つは、児童虐待防止法四条「国及び自治体の責務」を大きく拡充していただきたいということです。

次に、各論ですが、各論の中でも緊急に重視していただきたいのが、児童相談所の充実強化、特に福祉司の増員、それから児童養護施設などの施設職員の増員を含めた充実です。現在、児童相談所と児童養護施設が大変な事態になっています。全体的な課題の中でもこれは非常に重要な課題だと思います。各論の中には、司法、裁判所の関与が必要な課題がいくつかあります。

▼14　二〇〇四年より、日本こども虐待防止研究学会（Japanese Society for Prevention of Child Abuse and Neglect: JaSPCAN）と名称を変更。二〇一三年から一般社団法人〈http://jaspcan.org/about〉。

一つは、児童虐待防止法の四条の拡充強化です。

一項で希望するのは、まず児童虐待の発生予防です。それから児童虐待の早期発見、虐待児童の保護、その後の心身の回復、親への援助・啓発が課題になります。これは当たり前のようでありますけれども、三年前の現行児童虐待防止法の重点が、早期発見と保護がポイントになっているために、その後の、子どもを施設や里親家庭でどう心身の回復を目指すか、あるいは親に対してどのように援助するかという点がまだ十分ではありません。また、早期発見以前の発生予防についても、重点になるということを強調させていただきます。全般的な課題を同時並行で推進していかないと、いろいろ足りない点や無理が出てくるということです。

発生予防という課題のために、医療機関や母子保健の充実、それから学校などでの人権教育が必要です。これは、やがて親になる子どものためにも必要ですし、現に家庭で育っている子どものためにも必要です。

被虐待児童の迅速な保護とその後の適切な回復という課題のために、児童相談所や施設などの職員の確保、里親等の充実といった施策が必要になります。児童の保護という言葉だけでは、危険な状態にある子どもを急いでとりあえず保護するというニュアンスがありますが、その後の長期にわたる施設や里親家庭での心身の回復ということまで十分出ておりません。その点を課題として、適切な回復という課題をきちんと明記したうえで、児童相談所職員や施設、里親の充実ということについても明記していただきたいと思います。

それから、親への援助に関連する規定はいくつかありますが、直接的なものは現行法にはありません。虐待防止が家族への援助ということであるとするならば、これはぜひ入れていただきたいというのが各方面の希望です。親への援助にはさまざまあります。経済的援助、教育的援助、福祉的援助、具体的には、在宅の育児の援助、これは広い意味での子育て支援と通ずるところです。そういった幅広い、親・家族への援助が、発生予防にも有効です。

いろいろな機関との連携が必要ですが、その機関同士の連携がまだまだ十分ではありません。たとえば、学校や保育所が児童相談所に通告まではするけれども、その後の子どもの心身の回復や親への援助のためにはまだ十分連携ができていません。そういうことを明記し、かつ、その連携の軸になる民間団体の充実に努める必要があるということを強調していただきたい。

それから、格差の問題があります。児童虐待防止のために何が必要かということを議論するときに常に出てくることですが、同じ名前を使った機関でも、地域によっても、人によっても違います。違うというのは、残念ながら、レベルとして違うということです。たとえば、児童福祉司の専門職としての採用制度がきちんとできている自治体とそうでない自治体という差もありますし、市町村の対応にしても、これまたいろいろ違うために、児童相談所と市町村の連携ということを議論してもまた違うということがあります。この格差是正という課題は常に頭に入れておく必要があると思っています。

裁判所の関与が必要な場合がいくつかあります。弁護士としていろいろ関わっていることもありますので、この点を特に申し上げさせていただきたいと思います。まず、子どもを外に出さないで長期間閉じ込めていて、保護したときには体重が標準の半分であったという場合に、子どもがもう息も絶え絶えという現状がわかっていれば、緊急事態ということで警察官職務執行法でも対応できます。あるいは、児童相談所が玄関の鍵を壊して入るということも、必ずしも違法とは言えない場合もあると思います。しかし、緊急性が明らかでない場合、どうしたらいいのかという問題があります。このことについては、検討が必要と思います。次に、親の医療拒否です。このような場合でも現行法では十分な対応ができず、医師が非常に困っているということがしばしば報道されております。今日の新聞でも、ちょっと場面は違いますが、新生児の治療を親が拒んだときに、医師がどうしたらいいか非常に悩んでいるという記事がありました。最後に、親が児童相談所のアドバイスや指導に乗らないという問題です。これに対してやはり裁判所の関与が必要ではないかというのが、現在、各方面の共通の願いです。

――保坂(展)委員からの「子ども自身が通報する回路の必要性とそれが広がらない理由は何か」という質問に対して――

平湯　たとえば、弁護士会では、子どもの人権一一〇番という取組みがあります。相談内容は、学校の相談やいじめ相談とか、いろいろあります。親についての相談もあります。ただ、相談は、ある程度年齢がいった小学校の高学年や中学生くらいにならないと来ません。そのほか、たとえば、法務省の人権擁護委員の子ども専門委員の方で、校区内の子ども全員に自分の名刺を配ったという熱心な方がいらっしゃいました。ただ、子どもへの情報提供がまだまだ足りないと思います。学校教育が予防の関係でも非常に大事だと思いますが、いろいろ足りないところがあると思います。

第一六六回国会衆議院青少年問題に関する特別委員会参考人としての発言▼15

平湯　本日は、二〇〇四年の児童虐待防止法改正についての評価と民間である法律家の立場からいくつかの期待を申し上げたいと思います。

虐待ケースの発見と通告を促して、児童相談所が早期に保護を加える、いわゆる初期介入をやりやすくする規定が主になっていました。それをさらに広げ、保護した子どもの自立支援、それから虐待した親の指導・支援、さらには、そもそもの虐待の発生予防。子どもと家族に対

▼15　平成一九年三月二三日「第一六六回国会　青少年問題に関する特別委員会　第三号」〈http://kokkai.ndl.go.jp/SENTAKU/syugiin/166/0073/16603230073003a.html〉。

する総合的なかかわりの中で虐待防止活動を進めていくという観点を確認したのが、二〇〇四年改正でした。その趣旨は、国と自治体の責務を定めた児童虐待防止法四条などにあらわれております。特に、私が重視したいのは、虐待した親に対して指導・支援をする。つまり、親を監視や取締まりの対象とするのではなく、支援の対象とするということです。これは虐待防止のシステムとしてより成熟した段階に入ったと理解しています。それとともに、二〇〇四年改正では、改正附則として、安全確認、安全確保の方法、それから親権の制限についての検討が次の宿題として残されました。これらはいずれも、児童相談所を初めとする社会的な介入を拒否する親への法的対応、より正確に言えば、公権的あるいは権力的対応の問題です。

親への対応は支援的、サービス的なものが基本ですが、公権的対応も状況によっては必要になります。安全確認に協力しない親、子どもへの接し方について助言や指導を受け入れない親、児童相談所に押しかけてくる親、子どもを施設に入れた後も一方的な手紙や電話をよこしたり、あるいは施設から一方的に引き取ってしまう親がいます。問題は、このような親に対する公権的な対応を、防止システム全体の中でどのように位置づけることが成熟したシステムとしてふさわしいかということだと思います。その鍵の一つは、行政権と司法権をどのように噛み合わせるかということだと思います。親が子どもを育てる義務・権利と子どもの健全成長の権利とが相反するというのは、極めて深刻な利害対立の場面であり、司法の基本的な役割が要請されると考えます。二〇〇四年の改正附則は、そのような問題意識を踏まえながら、司法権が具体的にどのように関与できるのか、どのように関与するのが適切かということを次の段階の改正の宿題にしたものと言うことができると思います。

まず、子どもの安全確認の方法として、直接に物理力を行使する立入調査を、児童相談所が裁判所の令状のもとに、福祉行政の作用として実施できるという制度も新設することで固まったようで、ありがたいことと思います。現在でも、立入りを正当な理由なく拒否した場合には、立入り拒否罪[16]に当たるとして警察が裁判所の捜索令状をとって直接に立ち入ることが可能ですが、これは親を犯罪被疑者として扱うことを意味します。この方法を活用せざるをえないケースもありうるとは思います。しかしながら、一般に、親がかたくなに立入りを拒否する背景には、公的機関への不信あるいは精神疾患などもしばしばありますので、このような親を犯罪被疑者として扱うのではなく、児童相談所が福祉行政の作用として立入る方法もぜひ設けていただきたいというのが、福祉現場や法律家の希望でありました。このような制度設計は、二〇〇四年改正の趣旨にも合致すると思います。なお、福祉的手法による場合の具体的な要件

▼16　保護者の児童虐待など児童の福祉を害する場合、都道府県知事は、児童を保護するために、児童委員または児童の福祉に従事する職員に、児童の住所・居所・児童の従事する場所に立ち入り、必要な調査・質問をさせることができる(児童福祉法二八条、二九条)。この立入調査拒否に対し、正当な理由なく拒む等した場合、五〇万円以下の罰金に処せられる(同法六一条の五)。

についてですが、ＪａＳＰＣＡＮや弁護士有志の意見としましては、ネグレクト的な虐待ケースにも実効性がある要件がふさわしいと考えております。また、運用の問題として、どのようなレベルの証拠を要求するかということが問題になります。刑事事件の有罪判決に要求されるハイレベルのものではなくて、たとえば、児童福祉司が近隣住民の供述、説明を聞き取った記録なども許容されることになると思います。なお、伝聞証拠自体については、刑事事件の令状の審査でも許容されております。いずれにしても、虐待事件では、情況証拠の積み重ねに基づいて裁判官が総合的に判断することになると思われます。

次に、親権制限についてですが、これは、親権の喪失・剥奪の規定しかない現在の民法を改正して、司法の判断で親権の一時もしくは一部の停止の規定を盛り込むかどうかということでしたが、今回改正では見送りとうかがっています。社会的な議論が進んでいないのでやむをえないという判断と思います。

もう一つ、親権制限に関して申し上げておきたいことがあります。現在の民法の親権法は、明治以来の旧態依然とした内容です。懲戒権など親の子どもに対する支配的な立場を規定していると言っても過言ではないと思います。ドイツでは、早くに懲戒権規定をなくして、子どもは暴力によらないで教育される権利を有する、体罰や精神的侵害およびその他の屈辱的な処置は許されないという規定を民法に設けております。親権をどの程度いわば量的に制限するかというだけでなくて、親権の質的な制限、すなわち親に対する子どもの権利を民法の親権法に明記するということは、親権というものについての社会の認識を変え、虐待の発生予防に役立つ大切なことであると思います。

以上、前回改正以来の課題について述べましたが、これらはまとめると、親に対する働きかけの枠組みの強化という問題です。

これに対して、次に、親に対して働きかける側の強化について述べたいと思います。別な言い方をすれば、親に対して指導・支援する態勢の充実強化の問題です。親を指導しようとするからには、それだけの人とプログラムを用意する必要があります。プログラムについては、各地各機関で工夫や研究がされていますが、基本的には、親に接する人の問題であると思います。ぜひご紹介したいのが、青森県の例です。青森県は思い切って児童福祉司を増員したということで知られています。その結果、一時保護の件数が減ったという研究分析です。二〇〇〇年以来、児童福祉司が三倍に増え、これによって勤務に余裕ができたため、任命後の研修時間を増やすことが可能になり、また親と話す時間を増やすことが可能になったということが指摘されています。親に対する指導・支援は、つまるところ、時間をとってじっくりと話し合うことが基本です。その結果として、福祉司の指導に親が乗るようになった、したがって一時保護をせずにすむ、あるいは一時保護を長くせずにすんだという、平凡なようですが貴重な指摘であろうと思います。

また、人数だけでなく、福祉司の経験年数も重要です。同じ数の児童福祉司がいたとしても、短期間で入れかわる県では常に経験不足の福祉司が主体となり、県全体の指導・支援レベルは低下していきます。児童福祉司は、少なくとも五年、できれば一〇年間は続ける必要があると指摘されています。人事方針は自治体の所管だから法律では触れられないというのではなく、最低限度の方向性を示す必要があると思います。それから、市町村による児童福祉への対応の態勢についても、都道府県によるバックアップは緊急の課題の一つと思います。

支援の内容にしても、具体的な親子・家族のニーズにこたえるものでなければなりません。そのためには、その家庭でなぜ虐待が起きたのかという点が十分に把握される必要があります。経済的苦境が親のストレスや不安を累積させ、夫婦関係を悪化させ、生活サイクルを悪化させて子どもへの態度を余裕のないものにしてしまうという場合も多いと指摘されています。生活保護や扶養手当の適切な実施や就労支援、保育支援が必要な場合も多いと思います。また、その家族特有の人間関係が背景にある場合にはカウンセリングなどが必要であり、そのためのカウンセラーの確保や受診費用の負担も含めた受け入れ態勢がなければ、指導といっても絵に描いた餅になってしまいます。

平湯　子どもの保護や自立支援についてもお話ししたいことについて、少しだけお話しします。最近、児童相談所の一時保護所が満杯で一時保護もできないという声があちこちで上がっています。厚生労働省が各県ごとに整備計画を立てるように促して、また一定の予算手当てがされています。子どもが虐待された家庭から保護されて最初に来る、本当に安心のできる空間であるために、さまざまな配慮が必要と思います。

先日、児童相談所の所長の案内で一時保護所を見学させていただきました。所長が書道の先生で、子どもたちに好きな文章や字を書かせた作品が壁に張ってありました。一文字「絆」という字を書いただけのもの、「つないだ手を離さないで」という文章もありました。「どの子どもも自分の気持ちにぴったりの字や文章を選ぶようですね」と所長はおっしゃっていました。また、保護所スタッフの女性は、「子どもが一人で泣くところがないので、廊下の隅っこのすき間に頭を突っ込んで泣くんですよ」ともおっしゃっていました。一時保護所は公設の子どもシェルターですが、どこもかなり大世帯です。最初に安心できる空間としてはあまり適切ではありません。もっと丁寧なケアをしたいということで、民間の子どもシェルターがつくられるようになりました。心に傷を抱えた子どものケアは本当に大変です。

——やまぎわ委員からの「児童虐待の通報件数が増えている理由・背景は何か」という質問に

対して――

平湯　歴史的に見てもまさに、今まで気がつかなかったものに気がつくようになる。これははっきり言えると思います。それから、通報の活発化によって数字が増える。ただ同時に、やはり、虐待の単純な原因ではありませんがいくつかの要素になりうるもの、それ自体は増えているという面もあると思っています。経済的な原因もその一つで、それ独自で虐待の発生に直結するわけではありませんけれども、さまざまな形で家族の暮らしというものを損なっていく。その中で、人間関係、家族関係、あるいはそのほかの地域的要因などによってそれを悪化させない力が足りないときには、やはりそれが大きな比重を持っていくと思います。

――やまぎわ委員からの「児童虐待防止のためにできるはずのことができていない背景にはマンパワー不足があるのではないか、公で足りない部分をどう考えていけばいいのか」という質問に対して――

平湯　マンパワーを公務員の増加という形をとらずに補うという努力は、各自治体でも現にされていると思います。東京都立川市の子ども家庭支援センターでは、一般市民の中から、いわば若手の民生委員といった形で、年に一二回の講習会を行っています。関係する市民、それを理解する市民を増やしていくという方法もあります。それから、全体の公務員削減という問題になりますと、私も何とも申し上げようがありませんが、そもそも子どもにかかわる公務員というのはスタートから少な過ぎた。一律減らされては困りますということだけ申し上げたいと思います。

――井澤委員からの「児童虐待増加の背景・理由、通報件数と死亡児童数の増加の背景・理由は何か」という質問に対して――

平湯　通報件数の増加については、従来あったものが見えるようになったという分析が十分言えると思います。その中で、個別の結果の死亡ケースということになりますと、たくさんあったものが見えるようになったというのとはやはり違います。一つひとつのケースがどうして起きたのかをきっちり把握することによって、防止対策、施策全体を深めていくということになるだろうと思います。たとえば、数が一桁であろうと二桁であろうと、死亡事故の件数についての見方として、おろそかにしてはいけないことだとは思っています。ただ、その上で申しますと、ここ数年の増加自体が、何か特殊な原因が付加されてあるというわけではないのだろうと思います。ですから、ここ数年、特に死亡事故を促すような深刻な変化が起きていると見る必要はないのではないか。むしろ、数の変化よりも、一つひとつのケースの原因を探っていくという受けとめ方がよろしいのではないかと思っています。

——井澤委員からの「法改正の中で、長期的、短期的という取組みのポイントは何か」という質問に対して——

平湯　二〇〇四年改正のときに、親に対する指導・支援という観点が明記されて、同時に、児童相談所なりの活動を進めていくと、その指導・支援に乗ってこない親が非常に目につくようになってきました。親が困っているのではなくて、周りから見て困った親に対してどうしたらいいかというのが一つの焦点になってきていると思います。成熟した防止システムというのが一体何なのだろうか、こういう見方が必要かなと思います。

——高井委員からの「司法関与について考えるべきことは何か」という質問に対して——

平湯　立入調査に即して申し上げたいと思います。立入調査の司法関与は、もともと、憲法三五条の住居の不可侵が背景にあります。裁判所の令状が必要であるという要請です。この立入調査を刑事事件として進める場合に、憲法三五条が直接かぶってくるわけです。福祉手続の場合でも、その趣旨は大事であるということについて一致はあると思います。その上で、裁判所が判断するということは、子どもの虐待の場合にどういう意味があるかといいますと、単に住居の不可侵一般の話ではなくて、子どもが育てられている場所であるということです。特にネグレクトの場合、そこでどのように育っているかが掴めません。安全確認ができない場面で、子どもがどう育っているかわからないということ自体がネグレクトの徴憑として非常に重要なものであるという観点に立ちますと、親と子どもの大きな利害の衝突ということになりますから、そこに裁判所が入ってくる意味が強まることになると思います。要するに、単なる住居への侵入ということだけでなくて、子どもが育てられている場所を確かめることに裁判所の関与が必要であると考えるわけです。

裁判所の関わりはいろいろあります。少し話がずれますが、一時保護は親からの分離であって、本来司法が関与すべきではないかということが子どもの権利条約の観点からも言われるわけです。ただ、そのような場合であっても、事前に一時保護を許可するのと、事後に一次保護を許可する、いわゆる事前審査と事後審査が司法関与の形としてはありえるわけです。立入調査の場合にもそれは両方ありえるわけですけれども、先に立入りを実施して、それを後から裁判所が承認するという形ではやはりふさわしくないのではないか、事前に裁判所の許可なり承認なりを得て入るということが立入調査の場合には望ましいのではないかということになってくると思います。

裁判所の審査というのは、行政機関の行動の適法性をチェックすることが主になりますので、虐待がすでに発生しているということまで裁判所が認識できるものでなくてもいいわけです。

刑事事件で言うところの嫌疑によって児童相談所が立ち入ることが業務として適法であるという判断が得られるものであればよろしいのではないかということになります。

すると、判断材料というのは、今まで児童相談所が、立ち入りたいけれども規定がなくて入れないというときに集めてきた資料でよろしいのではないでしょうか。児童相談所が近隣住民の方から判断材料を集めてきちんとした形で裁判所に提出できるのであれば、住民の署名までなくてもそれはできる。実際、刑事裁判の逮捕状の請求のときにも、警察官が近所からの聞取りをすればそれも立派に証拠として役に立っているわけです。児童相談所の実際の業務をベースにしてそれをチェックできればいいのではないかと思っています。

――高井委員からの「親権制限はどうあるべきか」という質問に対して――

平湯　量的制限、一定期間親権を制限するという場合には、親権の中身まで入らずに全部を一時的に停止、制限することになります。それから、一部の制限ということであれば、たとえば、医療に関する親の監護権を停止する等、これも親権全体の一部という意味で量的な制限です。

質的と申し上げたのは、そもそも親権というのは何だろう、親と子どもがどういう関係に立つことを考えているのか、そこのことを申し上げたくてドイツ民法も引用いたしました。親が子どもを養育する権利、これは非常に大事な権利ではありますが、子どもの人格、人権と噛み合った本来あるべきものとして、現在の民法は表現できていません。

民法には、親は、「子の監護及び教育をする権利を有し、義務を負う」と規定されており、具体的な中身は、親の懲戒権や居所指定権などが規定されています。そういうものが社会の中で理解されるときには、「子どもは基本的には親の言うことを聞かなくちゃいけないんだ」ということが前面に出てしまっているのではないでしょうか。それでは、子どもに対する屈辱的な処置が許されないという社会的観念、親の観念が形成されないのではないか、そこをきちっと規定していく必要があると思います。

――西村（智）委員からの「子どもの意見表明権などを踏まえた親権の質的転換はどうあるべきか」という質問に対して――

平湯　民法の表現をまず離れて、子どもが親あるいは周りの大人に対して何を求めることができるのか、周りの大人は何をしなくてはいけないのかということを考えたときに、子どもの成長発達権が一つのキーワードになるかと思います。子どものいろいろな権利の中で一番基本的なものは、この社会の中で自立していけるように成長していく、発達していく権利です。子どもの成長発達権というのは、自分一人でできるわけではなくて、周りの大人に援助してもらうことが予定されています。子どもは成長発達していくことを援助してもらえる権利があると考えるべきではないでしょうか。

普通の家庭では、子どもが二〇歳を過ぎても家でゴロゴロしていることもあるわけですが、これが養護施設の子どもたちということになりますと、一五歳で高校に入らなければ施設から出ていかなければならなくなります。養護施設の子どもたちは、経済的な自立の困難を抱えています。また、小さいときから周りの大人と信頼関係を持つことがなかなかできないために、人生に自信がない、肯定感が持てない、自分が尊重されたという実感が持てない子どももいます。たとえば、「おまえは施設の子なんだから高校に行けないのはしかたがない」と言われることによって非常に傷つく。傷つき体験というものが、子どもの成長にとって、自立の気持ちを作っていくうえで非常にマイナスになります。本質的に大人が子どもにしなくてはならないことは、子どもにとって生きていく自信をつけることではないでしょうか。

一般家庭の中でも、たとえば、「あんたは一〇〇点をとってこれなかったじゃないか」と言って、無視するということもあるわけですが、そういうことが実は一番親としてやってはいけないことだと思います。殴ることはもちろんとして。子どもの自立の成長のために何をなさねばならないかということを、広く社会の中で議論していくことによって、親子関係ひいては親権というのは何なのかという議論ができていくのではないかと期待しています。

COLUMN 1

少年法改正の動きについて

＊「CAPニューズ」五五号（二〇〇五年）より加筆のうえ掲載

子どもの非行には、大人の犯罪とは異なる特色があります。家庭環境や社会環境の影響を反映しやすいのです。低年齢になるほど顕著です。環境の負因として特に重要なものは家庭内虐待です。虐待と非行の関係についてはこれまでも児童福祉や少年司法に係わる人たちには意識されていたのですが、最近日本でも調査研究が発表されて社会の関心を惹くようになりました。少年院在院者や児童自立支援施設入所者の中でもかなり高い比率で被虐待経験者がいます。

虐待の種類によって異なりますが虐待を受けた子どもは、一般に安心感がないため情緒が安定せず、自己評価が低く自己表現が苦手で不満を抑圧し、逆に感情を過度に爆発させる等から、適度の対人関係が作れない、という傾向が指摘されています。つまり、自分が大切にされた経験のない子どもは他人も大事にできず、人間関係におけるルールを守ろうとする力がないのです。これらは、虐待家庭から保護された子どもたちの一次保護所や福祉施設での生活にも反映しますが、分離保護されない状況での学校生活にも反映します。このような傾向は万引きやいじめ、暴力行為等の問題行動にも発展しやすく、虐待を受けて育った子の非行初発年齢はそうでない子よりも高いということが指摘されています。したがって、(少年非行一般にそうですが)、触法少年であればなおさら、非行を非行として処罰するのではなく、いわば育て直しをして自分と他人を大切にする力、つまり、社会のルールを守ることができる力を培うことが大切でしょう。また、非行を発見してからの過程においても、威嚇でなく、子どもの人格を尊重しつつ人間関係を形成しながら、徐々に自分の行為に向き合えるように支援する必要があります。

一三歳以下の子どもによる事件が、発生した背景を警察に「事実解明」してもらう必要がある、という声があります。しかし、低年齢の子どもほど誘導や暗示にかかりやすく、虐待を受けた子どもは自信もなく自分の考えを通す力も足りません。間違った答えを(実質的に)強要される危険が大きいのです。児童相談所の福祉司であれば、信頼関係を形成しながら、生活の実情を丁寧に聴き取り、それを踏まえて、具体的にどんな非行行為をしたのかを聞いていきます。警察の「調査」では、「事件」そのものへの関心が強くなるため、「事実解明」から遠ざかるだけです。また、冤罪のおそれもあります。児童相談所は虐待事案の対応で忙しく、非行にエネルギーを割けない、という実態があります。しかし、それを理由に「非行は警察に任せればよい」というのではなく、福祉司の増員や一時保護所の充実をはかる必要があります。

また、一三歳以下でも少年院に、という声もあります。その理由として、贖罪教育をやっていない、ということが指摘されることがあります。自分の行動に対する反省が大事なことは言うまでもありません。問題は、反省する力をどのようにして培うか、ということです。これまで大切にされたことがない子どもが、すぐには反省することはできません。首根っこを抑えて頭を下げさせるのが反省ではありません。人間が自分の行動を反省できるためには一定の成熟が必要であり、反省する本人の成長を認めてやれる環境が不可欠です。児童自立支援施設は、家庭的環境のもとで育て直しをすることを課題とする施設です。集団生活と生活規律を重視する少年院とは課題が違います。児童自立支援施設は贖罪教育をする下地の教育をするのが課題、とも言えるでしょう。低年齢の子どもの処遇のあり方については、丁寧な議論が必要です。

非行と虐待の関係については、深い認識が必要です。関係そのものを否定する意見は少なくなりましたが、虐待防止を非行対策として評価するだけで「被虐待少年には保護を、非行少年には厳罰を」という考えもないではありません。子どもの誕生から成長の全体を大人としてサポートする（子どもの成長発達権を支援する）、という姿勢が何より大切と思います。

第 2 章

「恩寵園事件」から子どもの福祉を考える

施設の子どもへの職員らによる施設内虐待の禁止を明示した児童福祉法改正（二〇〇九年）の契機にもなった「恩寵園事件」。改正法には第三者による検証規定がないなど課題は依然残る。被害当事者の生の声から社会的養護下の子どもも福祉がどれだけふみにじられてきたか、そして、何ができるのか、を考える。

1 「恩寵園事件」とはなんだったのか？

山田由紀子（弁護士、恩寵園事件弁護団長）

はじめに

「恩寵園事件」は千葉県にある社会福祉法人恩寵園が運営する児童養護施設「恩寵園」内での施設長（以下、園長）らによる児童虐待事件であるが、発覚から解決まで一四年もの歳月を要した事件のため、はじめにその概要を記す。

一九九六（平成八）年四月、園児一三人が園を抜け出して児童相談所（以下、児相）に駆け込み、園長の体罰・虐待を訴えた。これが新聞報道され児童らに弁護士もついたが、監督権限のある千葉県は園長への口頭指導のみで児童らを園に戻してしまった。児童らを救済するため、市民による「恩寵園の子どもたちを支える会」と弁護団が結成され、市民が原告となる住民訴訟を提起。二〇〇〇（平成一二）年、判決で園長の数々の虐待が認定されるとともに「園児が児相に駆け込んだ時点で園長の解職を含む改善勧告をすべき義務があったのに、千葉県がこれを行わなかったのは違法」と判断[1]されたことで、ようやく県が園長の解職を含む改善勧告を出した。

ところが、法人は改善勧告に従うどころか恩寵園の休園（実質的廃園）を県に申し出、県もこれを認めてしまった。園がみずから虐待を認めて反省することもなく廃園してしまうのは、臭い物に蓋をして逃げるようなものである。元園児と支える会は厚生省（当時）と社会に「廃園ではなく改善を」と訴え、厚生省が県に異例の指導をしたことにより、ようやく県も動き法人も園長を解職して改善計画を出すに至った。

しかし、この間の県の怠慢の結果は甚大だった。支える会の刑事告発により逮捕された園長

---

[1] 千葉地判平一二・一・二七。

と職員だった二男は、園長が一九九四（平成六）年に園児（七歳）の小指を刃物で切り付けた傷害罪で、二男が一九九七（平成九）年と一九九八（平成一〇）年に犯した園児（一二歳）への強姦罪と強制わいせつ罪で、ともに有罪判決を受けた。[2]

元園児一一人は、園長・法人・県の責任を明確にすべく、二〇〇〇年三月に総額一億一〇〇〇万円の損害賠償請求訴訟を提起した。被告らは最高裁まで争ったが、二〇一〇（平成二二）年一一月最高裁が被告側の上告を退け、千葉県に計四三〇万円の支払いを命じた高裁判決が確定した。[3]

他方、恩寵園は、二〇〇〇年四月に園長の解職と理事の一新が実現し、新園長が就任して市民や学生ボランティアも集う明るい園に生まれ変わった。

園児13人脱走事件

私がはじめて園児らと会ったのは一九九六年四月一〇日、市川児相でのことだった。前日、匿名の電話で、「園児らが園長の体罰・虐待を訴えて三日から五日にかけて園を抜け出し児相

▼2　二男については、千葉地判平一二・一〇・二五で懲役四年の実刑判決が、園長については、最判平一四・一〇・九で懲役八月執行猶予三年の判決が確定。

▼3　最判平二二・一一・五。

に駆け込んだが、県は何の対応もせず明日一〇日にも彼らを園に戻してしまうつもりだ」と言うのである。それではせっかくの内部告発が拒絶され、園児らは二度と告発できずに体罰に耐えるしかなくなってしまうと思った私は、とにかく一〇日の朝、飛び込みで市川児相に行き一時保護所にいた五人の児童らに会うことができた。彼らは、私の周りを取り囲み口々に「男の子の性器にハサミを当てて失神させる」「鶏の死骸を抱いて寝させる」「麻袋に入れて吊す」など、園長の日常的で常軌を逸した虐待を訴え、「園長とその一派を辞めさせてほしい」と切々と訴えた。

私は、こんな酷い虐待を県が知ればただちに園長を解職させる方向で園を指導するに違いないと思い、園児らの代理人弁護士になることを約束して、早速、県中央児童相談所長に会いに行った。ところが、所長は、顔色一つ変えずに「指導の難しい子どももいますからねえ。まあ、指導の行き過ぎはあったと思いますが……」などと言い、県児童家庭課長は電話でアポを取ろうとした私に「子どもの代理人なんて聞いたことがない」と面談すら拒否する始末だった。

実は一〇日の朝刊に初めて「児童ら13人が逃走」という記事が載ったのであるが、[4]それによれば、すでに前年八月に県に園長の体罰を告発する匿名の電話があり、県児童相談所長協議会

▼4　朝日新聞一九九六（平成八）年四月一〇日朝刊。

が関係者に事情聴取して体罰・虐待の事実を認定していたのにもかかわらず、県は口頭指導するのみで園長とその体制を温存させていたのである。

恩寵園での体罰・虐待・人権侵害

恩寵園は創立者の息子で園を世襲した園長のワンマン体制にあり、園長は園児を規律でがんじがらめにするとともに、園児を殴って大量の鼻血を出させる、園児を机の上に寝かせ足を切断する真似をして足を切って出血させる、手足をイスに縛りつけて写真を撮る、バリカンで頭部の一部のみを刈って見せしめにする、二四時間の正座を命じてトイレにも行かせない、火のついたライターを近づけ手にしていたティッシュに火をつける、乾燥機に入れるなど、園児らを恐怖と屈辱のどん底に陥れる虐待を繰り返していた。しかも笑いながらこれをしていたというのだから驚く。園長の妻、職員だった二男、主任保母もこれに同調し、特に二男は園児に対する性的虐待すらしていた。

恩寵園の子どもたちを支える会の結成

県の対応にあきれた私は、一二日に弁護士会と法務局に「子どもの人権救済申立書」[5]を提出した。しかし、私の代理人活動も連日大きく取り上げた新聞報道も虚しく、結局県は、「園長が辞めない限り戻らない」と言っていた園児らを、無理矢理園に戻してしまった。園児らは、日々恐怖と屈辱にさらされている。告発後は、なおさらである。救済申立ての結論が出るのは半年先か一年先かわからず、それまで放置しておくことはできない。これはもう市民の力や世論に頼るしかないと思った私は、「千葉こどもサポートネット」の浦島佐登志さんに「恩寵園の子どもたちを支える会」を作ってくれるよう頼んだ。同時に、心ある職員に夜私の自宅に集まってもらい、今後の対応を話し合った。そして、園内の子どもたちとは密かに園近くの公園で会って、園内の様子を聞くとともに、何かあったら私に電話するようテレフォンカードを渡し、子どもたちの相談にのった。職員たちは「組合を作ろう」、子どもたちは「子ども自治会を作ろう」という結論を出した。園児一人ひとりも、県知事宛に「園長を辞めさせて」という手紙を出したが、知事からは社交辞令のような同文の返信が送られてきたのみで、そこには園長をどうし

▼5 弁護士会と法務局には、人権救済のための制度があり、人権を侵害された被害者が救済を申し立てると、事実関係を調査し侵害の事実が認められた場合には、侵害行為をした相手方に勧告するなど、救済のための措置を講じる。

てくれるとも書かれていなかった。

「子ども自治会」の代表は園児らの意見を取りまとめ、県児童家庭課長に提出し「園長を辞めさせてほしい」と切々と訴えたが、同課長は平然と「園長を辞めさせることはできない」と言い放った。「支える会」が全国一〇四九人分の署名を提出しても、何の対応もなかった。

他方、園内の児童らは失望と行政・大人不信で荒れていった。無理もないことであったが、園は児童らの挫折感には何の理解も示さず、表面的な荒れのみを問題視して、ある子は教護院▼6（当時）に、ある子は無理矢理親元に引き取らせるなどし、児童相談所に駆け込んだ一三人のほとんどが園から追い出される事態に

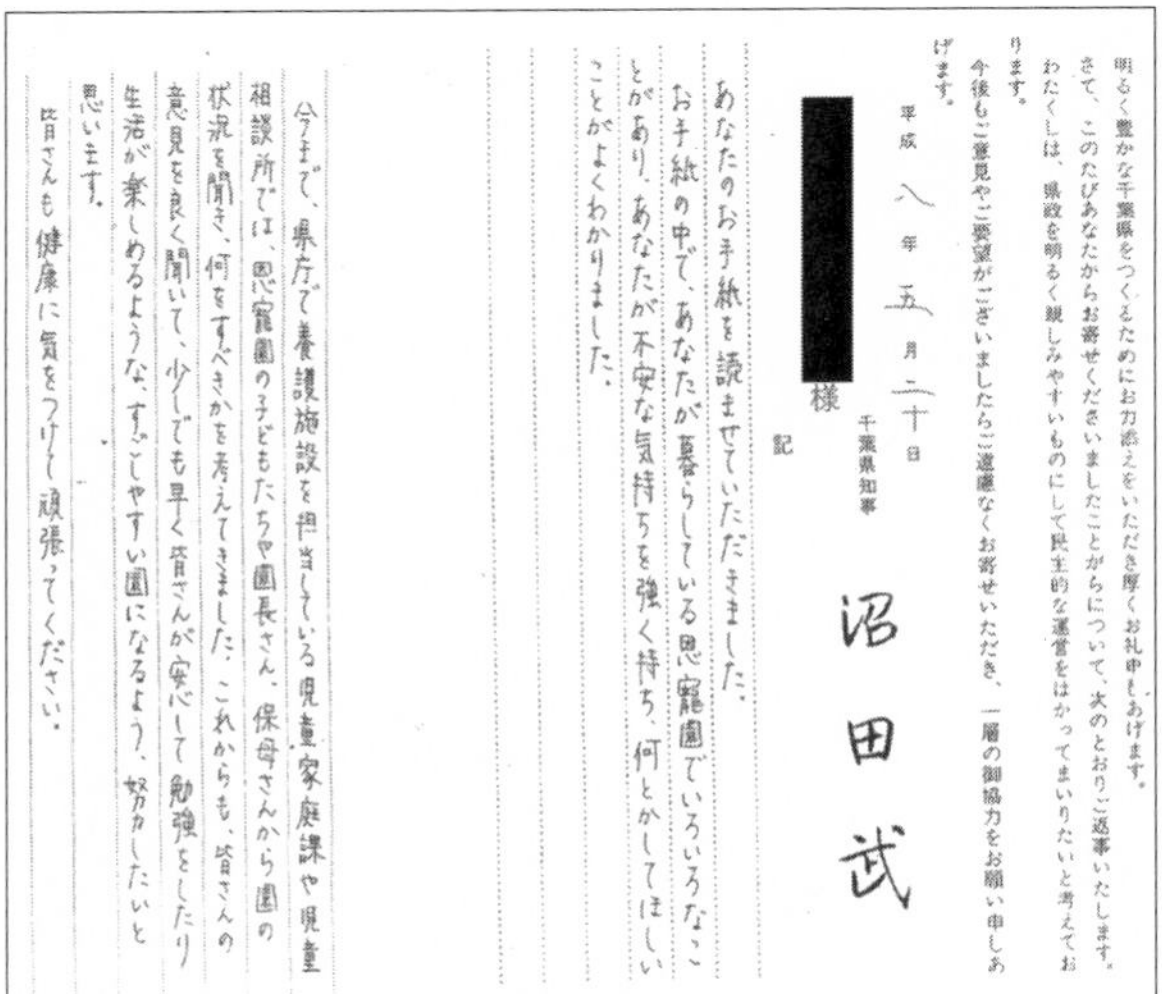
明るく豊かな千葉県をつくるためにお力添えをいただき厚くお礼申しあげます。
さて、このたびあなたからお寄せくださいましたことがらについて、次のとおりご返事いたします。
わたくしは、県政を明るく親しみやすいものにして民主的な運営をはかってまいりたいと考えております。
今後もご意見やご要望がございましたらご遠慮なくお寄せいただき、一層の御協力をお願い申しあげます。
平成八年五月二十日
千葉県知事　沼田武
[redacted]様
記
あなたのお手紙を読ませていただきました。
お手紙の中で、あなたが暮らしている恩寵園でいろいろなことがあり、あなたが不安な気持ちを強く持ち、何とかしてほしいことがよくわかりました。
今まで、県庁で養護施設を担当している児童家庭課や児童相談所では、恩寵園の子どもたちや園長さん、保母さんから園の状況を聞き、何をすべきかを考えてきました。これからも、皆さんの意見を良く聞いて、少しでも早く皆さんが安心して勉強をしたり生活が楽しめるような、すごしやすい園になるよう、努力したいと思います。
皆さんも健康に気をつけて頑張ってください。

——県知事からの返事——

なってしまった。心ある職員たちも疲弊し、ついに一年後の一九九七年には総辞職してしまった。

住民訴訟の提起

平湯真人弁護士は、一三人逃走の新聞記事を見て驚き、弁護団結成の準備をしてくれていた。一九九七年に開かれた第一回弁護団会議の席上、私が「行政がダメなら裁判と言いたいところだが、中心的な子どもは散り散りになり、園に残っている子どもは園長に支配されながら園長を訴えることなど到底できない」と嘆くと、木下淳博弁護士が呟いた。「住民訴訟[7]ならやれないこともないが……」。私は、「えっ、それどういうこと？」と聞き返した。県民が原告となって、本来県が園長の解職を含む改善勧告・命令を出すべきなのにこれをせず、県知事が漫然と体罰を繰り返す園長に県民の血税から給与を払っているのは「違法な公金の支出」だから、県知事

▼6 教護院：児童福祉法に基づく児童福祉施設のひとつで、一九九七年の同法改正によって児童自立支援施設と改称された。不良行為をなし、またはなすおそれのある児童や生活指導等を要する児童を入所させたり、通所させたりして必要な指導を行い、その自立を支援する施設。

▼7 住民訴訟：地方自治法に基づいて、地方公共団体の住民は、その地方公共団体に違法若しくは不当な財務会計上の行為があると認められる場合、その地方公共団体の監査委員に対し監査を求めることができるが、その結果に不服な場合に裁判所に対して起せる訴訟。

はこの給与分を千葉県に返還せよという訴訟を起こすのだと言う。私と浦島さんは、ただちに「それなら、私たちは県民だから、私たちが原告になる」と申し出た。

こうして一九九七年一〇月、弁護団は千葉地裁に住民訴訟を提起したのである。

住民訴訟の実質勝利

住民訴訟の実質的な目的は、園長の体罰・虐待を認定させることにあった。それには、元園児の証言が必要だった。坪井節子弁護士と渡邊淳子弁護士が、ほぼ唯一居所のわかっていたAを訪ねた。Aは、一度も一緒に暮らしたことのない父親に無理矢理引き取らせる形で園を追い出され、その父親からも廃屋のような家に置き去りにされて、たった一人で電気も水道も止まった家に暮らしていた。二人の弁護士は、証人尋問の打合せどころではなく、まず何日も食べていないAに食事をさせ掃除をし電気代水道代を払いに飛んで行った。

Aの証言は圧巻だった。超ミニスカートにギャル化粧を施した彼女が証言台に立ったときには、法廷中が唖然としていたが、彼女は臆することもなくギャルのままの自分の言葉で堂々と園長から受けた数々の虐待を語った。裁判官も引き込まれるように聞いていた。

二〇〇〇年一月、千葉地裁は、判決で園長の数々の虐待と園児が児相に駆け込んだ時点で県に園長の解職を含む改善勧告をすべき義務があったと認定した。知事は園長の給与分を返還せよという住民訴訟の形式においては敗訴したものの、「園長を辞めさせて」という園児らの切実な訴えが法的にも正しいものだったことが認められたのだ。実質的には大勝利だった。

同じ頃、弁護団にとって忘れがたく嬉しい出来事があった。テレビの報道番組が恩寵園事件を取り上げ、散り散りになっていた元園児らを探し出して、そのインタビューを放映してくれたのだ。画面で、新聞配達をしながら奨学金を得て大学に進学したBが、財布の中から小さく折った紙切れを出し、それが「13人逃走」の新聞記事だとわかったときには涙が出た。園から教護院に追い出されたCも大工になって逞しく働いている。この番組がきっかけとなって、元園児たちは再会し、支える会や弁護団とも繋がれるようになったのだった。

廃園阻止と損害賠償請求訴訟

二〇〇〇年二月一六日、住民訴訟判決を受けて、ようやく千葉県は恩寵園に対し「園長の解職を含む改善勧告」を出した。同じ日、前年暮れに支える会が園長を傷害等で刑事告発したのを受けた千葉県警は、捜査員二〇名で園に実況見分に入った。

同年二月二八日、私たち弁護団と支える会は、東京の弁護士会館で四年ぶりに元園児らと再会し、まるで同窓会のような気分でやっと当初の目的を達した喜びを分かち合っていた。

ところが、事態はまったく予想もしなかった方向に急転した。恩寵園が改善勧告を受け入れるのではなく園を休園、実質的には廃園すると県に申し出たという一報が入ったのだ。その場にいた全員の顔が暗転した。私は、「これじゃあまるで臭い物に蓋じゃないか。私たちは園を良くするために闘ってきたのであって園を潰すためにやったんじゃない」と激怒した。元園児らも「兄弟のような園児たちがバラバラにされるなんて許せない」と憤った。しかし、園の継続を強制する法的手段はない。その時、日頃おとなしいDが「僕がマスコミ出たら何とかならないかなあ?」とポツンと言った。

翌二月二九日、私たちはDを先頭に、一夜漬けで作った要請書を厚生省に提出に行った。丁寧に案内された大きな部屋に入って驚いた。部屋中にテレビカメラが待ち受け、一斉にバチバチと写真を撮り、厚生省の担当者三人が溢れんばかりの笑顔でDから要請文を受け取ってくれたのだ。厚生省は、私たちが要請文に書いたとおりの「兄弟のような子どもたちをばらばらにすることは許されない」という言葉を使って、千葉県に廃園撤回への指導をしてくれた。支える会と元園児も頑張った。毎日県内各地でビラを撒き、集会を開き、廃園撤回を訴えた。私は、臭い物に蓋で終わらせないために、そして再結集した元園児達が今度こそ原告になって彼らの思いを遂げるために、損害賠償請求裁判の訴状を書いていた。

一〇日目の三月九日、ついに恩寵園は、廃園を撤回し園を存続させると県に報告した。

翌三月一〇日、元園児ら一一人は、園長、法人、県を被告とする、総額一億一〇〇〇万円の損害賠償請求訴訟を提起した。

園長とその二男の有罪判決

この一〇日の間には、刑事面でも大きな成果があった。三月八日に職員だった園長の二男が園児に対する強制わいせつ容疑で逮捕されたのだ。園長本人も、五月二六日には、園児に対する傷害容疑で逮捕された。そして、二〇〇〇年一〇月、二男は一二歳の園児に対する強制わいせつ罪二件のほか、何と一二歳の園児に対する強姦罪まで認定されて、懲役四年の実刑判決を受けたのである。園長については、翌二〇〇一（平成一三）年に、七歳の園児の小指を刃物で切り付けた傷害罪で懲役八月の実刑判決を受けたが、控訴して執行猶予となった。いずれも県が早期に園長らを解職させていたら防げた事件であった。

損害賠償請求訴訟判決

園長・県等に対する損害賠償請求訴訟は、一審で七人の原告に総額二九〇万円、二審で同じく七人に総額四三〇万円の賠償を命じ、二〇一〇年一一月、最高裁で被告らの上告が退けられたため高裁判決が確定した。

残念だったのは、園長の個人責任が認められず、県の賠償責任のみが認められたことだった。これには、ある背景があった。一審判決直前に、別の児童養護施設で起きた職員の過失で園児に損害を負わせた事件について、最高裁が、職員や法人を県の公務員と同様に扱い、県が賠償責任を負うべきだとする判決[8]を出したためだった。一般園児の人権救済面では画期的な判決だったが、恩寵園の園長や二男のような悪意の故意犯の個人責任も問えなくなってしまったのは皮肉なことであった。もう一つ残念だったのは、一一人の原告中四人の原告の請求が時効によって認められなかったことだった。幼い在園中に園児が園長を訴えるなど不可能なのに、ようやく園を出て訴えられるようになったら時効というのは不条理である。ただ、この点は、元園児の優しい心根が救ってくれた。最も高い賠償額を認められたEが「全部の賠償金を一一人

▼8　最判平一九・一・二五判例時報一九五七号六〇頁。

損害賠償請求訴訟の上告棄却決定を受け、卒園生の原告11人のうち、7人に対する慰謝料430万円の支払いを命じた二審・東京高裁判決が確定。11人で分け合うことを決めた原告・弁護団会議後の原告と弁護団ら。2011年1月18日、東京・霞ケ関の弁護士会館で（撮影／小宮純一）。

みんなで平等に分け合おう！」と言ってくれたのだ。弁護士には思いもつかない素晴らしい提案だった。

　損害賠償裁判だけで一〇年、児童相談所駆け込みから一四年を経て、元園児らはそれぞれ大きく成長していた。園で規律と命令に従うことしか教えられなかった園児らは、園を出ても自分で自分の時間や生活を管理する能力をまったく持ち合わせていなかった。電車の乗り方も地理もわからず、待ち合わせ時間に何時間も遅れてくるのが常だった。それどころか、住むところも職も定まらず、何時犯罪被害や加害に巻き込まれるかも知れない危うい生活をしていたのである。支える会の浦島さん宅は、そんな元園児らのたまり場、腹が空いたら行く所、寝る所がなかったら泊まる所といったまるで民間の自立支援ホームのようだった。そんな彼らが、賠償裁判の報告集会には時間どおりに集合し、ある子は有名企業でバリバリ働き、何人もの子が父親母親になり、穏やかな笑顔をもつ立派な社会人になっていた。

新園長を迎え改善された恩寵園

他方、恩寵園は二〇〇〇年四月に園長が解職され、元園児・支える会・養護施設界からも歓迎される新園長が就任して「恩寵園の園児の権利に関する宣言」が採択され、施設も改築され、市民や学生ボランティアも集う明るい園に生まれ変わった。新園長が、わざわざ支える会メンバーに挨拶をしに来てくれ、「一緒に園を良くして行きましょう」と握手してくれたときの感激は忘れない。元園児らも気軽に遊びに行き、「いいなあ。私たちもこんな園で生活したかった」と羨ましがった。

2 子どもたちの「恩寵園事件」——原告たちの座談会

＊週刊「金曜日」九一〇号（二〇一二年）二二頁より加筆のうえ掲載

千葉県船橋市の児童養護施設「恩寵園」で、施設長らによる入所児童への虐待が発覚したのは一六年前（二〇一二年時）。一一人の卒園生が起した損害賠償請求訴訟は決着まで一〇年かかった。元原告四人と支援者がこれまでの思いを語った（司会、小宮純一）。

「ここにいたら殺される」と思った

小宮　二〇〇九（平成二一）年四月に施行された改正児童福祉法は、施設内虐待（被措置児童等虐待）の禁止と対応方法を規定しました（三三条の一〇～一七）。皆さんが恩寵園で生活していた当時にはなかったが、法制化の原動力はあなた方の闘いだとされています。施設内の虐待で一番つらく、悔しかったことはありましたか。

関根知実さん

せきね・ともみ／35歳（2012年時）。男女４人きょうだいの長女。経済的困難で４人とも恩寵園に入所。小学５年から中学２年まで在籍した。

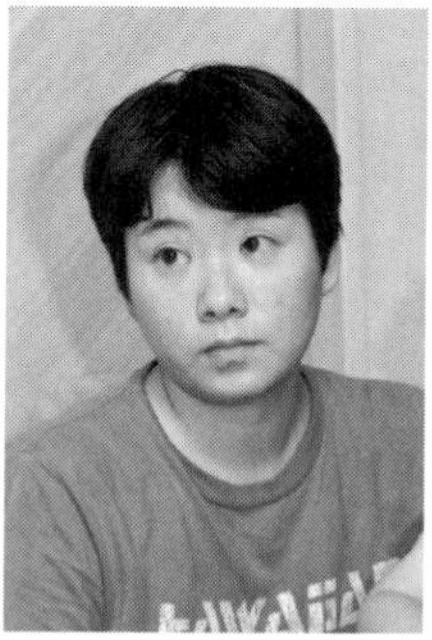

滝沢友子さん

たきざわ・ともこ／32歳（2012年時）。主婦、１歳男児の母。４姉妹の三女。姉妹全員が恩寵園入所。小学校４年から高校２年まで在籍。高校３年の３カ月間は児童相談所保護通学。里親には半年間養育された。

関根　まわりの大人に訴えても、助けてもらえなかったこと。担当の保育士を親代わりだと思っていたのに、中学一年のときに職員室に呼び出されて施設長から金属バットで太ももを殴られても何もしてくれなかった。傘立ての中には金属バットが何本も立っていた。顔を殴られたときは頬が倍以上に腫れあがり、学校に行くことを禁じられた。

毎週日曜日は施設内放送で食堂に子ども全員が集められた。一方的に決められたテーマで「一人三〇分間話せ」と言われる。私はせいぜい一〇分間が限界。話すことができなくなり、全員がシーンとした中で立たされ続けた。このときの恐怖もあって、今も人前で話すのが怖い。

悔しかったのは、目の前で自分のきょうだいが施設長に痛めつけられるのを見たり、素通りしなければならなかったこと。小学二年だった弟が足にプロミスリングをつけていたら、全員集合の放送で集められ、施設長はテーブルに弟の足を上げさせて、見せしめ的に包丁でリングを切った。理由の説明はなかった。姉として無力感を味わった。殴られるのは日常だった。

私は中学二年の春に施設を脱走した。船橋から親がいる江東区大島まで走り続けて逃げた。恩寵園にいたら殺されると思った。つらい嫌な記憶しかない。

滝沢 たくさんありすぎて、何が一番かわからない。私は中学三年までは友だちが殴られるのを見ている側だったけれど、嫌だった。

一生忘れられないのは中学三年の進路決定のとき。高校受験の願書に印鑑を押してもらうのに、施設長に土下座して頼んだ。

当時、施設長は「おまえたちを養っているのは俺の金だ」と言っていて、そう信じていた。勉強したかったから「高校に行かせてください」と頼んだが断られた。親元からは進学できないとわかっていたから、「施設から普通科に通わせてください」と懇願し、土下座して押印し

森川喜代実さん

もりかわ・きよみ／31歳（2012年時）。2歳まで乳児院、16歳までの14年間は恩寵園に在籍した。

松尾弘子さん

まつお・ひろこ／30歳（2012年時）。主婦、7歳女児、4歳男児の母。4歳から中学3年まで恩寵園に在籍した。

てもらった。当時の恩寵園には勉強が得意な子は少なかったけれど、できないと「馬鹿だ」と言われ、できると「インテリだ」と言われた。

一五歳は施設を出て行くかどうかの大きな節目となる。でも、進路相談を担当してくれる職員はいなかった。一五歳の子が独りで生き方を決断しなければならないというのは理不尽だ。施設長から殴られたことより、運営費について嘘を説明されて、進学にきちんと対応してもらえなかったのが一番悔しい。これってネグレクト、虐待ですよね（一同うなずく）。

中学生の女の子を丸刈りにして登校させたり、モヒカン刈りや星形刈りにして外出できないようにすることもあった。

浦島佐　この子は高校三年で恩寵園を脱走して放り出された。結果的には児童相談所に保護されたが、彼女を措置した銚子児童相談所からは遠くて高校には通えない。それで市川児童相談所の一時保護所から三カ月間高校に通ったのです。千葉県内では初のケースだった。その後、半年間は養育里親に引き取られて高校を卒業したのです。

性的虐待もあった

森川　私は二歳から一四年間、恩寵園にいた。多分、一番長かったから、小さいときからいろんなものを見てきたんです。私は施設長から目をつけられて、小学生時代からたたかれたり殴られたりした。「暴力は当たり前」だったから辛くはなかったが、別の子が暴力を振るわれているのを見るのが嫌だった。今でも夢に出てくる。一歳下の男の子三人が性器をハサミで切られたときも私だけが、その場にいた。あの子たちの叫び声は今も覚えている。先輩たちがカマで頭を殴られて流血するのも何度も見た。私は職員室に立たされることが多かったから、施設長の暴力はほとんど見ていた。一日あっても言いつくせない。

悔しかったのは、私が一六歳で恩寵園から追い出された直後に、同じ部屋だった小学六年の女の子が施設長の二男から性的暴行を受けたこと。自分がやられるより悔しかった。

小学生のとき、その二男の友人らしい大学生が夜中に部屋に忍び込んできて、寝ている女子に性虐待をした。夜中に苦しくて目が覚めると、知らない男の人が私の胸に触っていることもあった。怖くて大きな声を出すと非常階段から逃げていった。足跡が残っていたので、職員に被害を訴えたら、逆に私の足の裏を調べられた。「脱走しようとして失敗したから嘘を言っているんだろ」と言われて……。施設長の二男も小さい女の子に手を出していた。干してある下着をじーっと見ていたり、「間違えた」と言いながら女子風呂に入ってくることもあった。かくまってくれたのは女性の調理員さんだけだった。

浦島佐 初めてこの子たちから恩寵園の中で起きていることを聞いたとき、私は頭がくらくらしました。信じられない気持ちだった。

松尾　担当の職員に話を信じてもらえなかった。唯一聞いてくれたのは調理員さん。施設長からは自分がやっていないことで怒られ、「私はやっていない」と言っても信じてもらえないから、施設長の後をついて回って「ごめんなさい、許してください」と言い続けるしかなかった。多くの子がそうしていた。何かして職員から許してもらった記憶は一回もない。自尊心やプライドはズタズタになった。

闘いは法改正の魁になった

小宮　大人を信じられなかったみなさんが、初めて信用したのが、施設の外にいた浦島さんや裁判で闘おうと言ってくれた弁護士さんたちでしたね。そして四人全員が法廷で証言した。一四年間闘ったが、悔しい結果に終わった。現在の施設職員たちに言いたいことは何でしょうか。

浦島佐登志さん（写真左）

うらしま・さとし／64歳（2012年時）。「恩寵園の子どもたちを支える会」元代表、「施設内虐待を許さない会」代表。

浦島菊代さん（写真右）

うらしま・きくよ／59歳（2012年時）。NPO法人「ねもチバ不登校・ひきこもりネットワーク」理事、事件当時16歳だった森川さんら行き場を失った恩寵園の子ども４人を佐登志さんとともに自宅で預かった。

関根　間違っていることは正直に認めて謝罪してほしい。入所してくる子はみんな心に傷を負っている。その治療ができるプロであってほしい。何があっても子どもの側に立つ覚悟がないなら、児童養護施設の職員にはならないでほしい。

滝沢　私は新聞奨学生制度を使って働きながら大学に通って高校の社会科教師の資格をとった。自転車で朝・夕刊を配りながら。裁判を起こすと聞いて、「諦めの悪い大人もいるんだ」と嬉しかった（笑）。私たちが法律改正の魁になったときいてよかったと思うけれど、児童養護施設の長は、子どもの命を預かる仕事。資格はもっと厳しくていいと思う。そして日常的に第三者機関が内情に目を光らせてほしいと思う。

自分もそうだったけれど、きょうだいが断続的に施設に入所してくるケースもある。きょうだいに対するケアや自立の連続性をきちんと担保してほしい。それも施設の役割のはず。

森川　世間に私たちみたいな子どもがいると知ってほしかったのと、施設長に謝罪してほしかったから、私は一七歳の〝ギャル〟だったけれど、ミニスカ・ガングロで（笑）ドキドキしながら、原告の一番手として法廷で証言しました。

浦島菊　法廷に立って施設長の前でも、はっきりとものを言う喜代実ちゃんは格好よかったよ。堂々としていた（一同うなずく）。頑張ったね。

施設長は謝っていない

森川　家の中で虐待されて居場所がない子どもにとっては、児童養護施設は必要な場所だと思う。そこで会った仲間とは今もつながっている。だから職員さんは、法律を守って子どもを育てられる専門家であってほしい。ただ優しいだけじゃなく……。

松尾　私は人の目を見てしゃべることができない子どもだった。浦島さんたちに会ってそれが変わった。入所している子が施設を出て社会に出るために必要な知識や技術をちゃんと教えてほしい。銀行口座の作り方や印鑑はどうやって作るかとか、失業手当のもらい方とか……。私たちは施設を追い出されても、電車の切符の買い方がわからないからキセルするしかなかった。ハンバーガーショップに入っても、トレイをどこに返すかわからなかったという子もいた。いまだに施設長が私たちに謝っていないのが悔しい。

滝沢　社会的養護の制度や子どもたちのことを学校できちんと教えてほしい。社会の認知度が低すぎる。学校の授業内容に加えてほしいですね。施設内虐待を禁じた法律も勉強してから保育士や施設職員になるべきだと思う。私たちの裁判のことも勉強してほしい。施設職員の養成カリキュラムの内容も変えてほしい。善意だけで、いきなり施設職員になっても多分通用しないと思います。

3／助けてくれた大人がいた

――「恩寵園児事件」原告・弁護団・支援者の座談会

二〇一二年七月二七日、千葉県船橋市内の浦島さん宅にて
写真撮影／石郷友仁

「施設内虐待のトラウマで、卒園後もＰＴＳＤなどの後遺症に苦しんでいる」として卒園生一一人が総額一億一千万円の損害賠償を求めた訴訟の終結（二〇一〇〔平成二二〕年一一月、最高裁上告棄却）で事件は一段落した。発覚から一四年もかかった。

二〇一九（平成三一）年春、元園生の女性四人、弁護団から五人、支援者一人の計一〇人が久しぶりに集まり、あらためて闘いを振り返り、家庭で親とは一緒に暮らせない子どもの権利を守る大人の役割などを考えた。

始まりは怒りだった

小宮　本日、参加していただいたのは、元恩寵園生の関根知実さん、滝沢友子さん、松尾弘子さん、森川喜代実さんの四人、「恩寵園の子どもたちを支える会」（以下、支える会）元会長の浦島佐登志さん、弁護団からは山田由紀子弁護士、坪井節子弁護士、木下淳博弁護士、渡邊淳子弁護士、平湯真人弁護士の五人です。

まずは、子どもたちの近くで恩寵園事件を見てきて、さらに子どもたちとも直接、深く関わっていた浦島さんにおうかがいします。浦島さんが支える会を立ち上げた経緯と動機をお聞かせください。

浦島　支える会を立ち上げたのは、子どもたちが脱走事件を起こした後、施設に返され、事件自体が千葉県によってもみ潰されそうになっていたときに、山田弁護士から「恩寵園の子どもたちを支える会をつくれないか」と、声をかけられたのがきっかけです。

断る理由はないし、当時、私は、千葉子どもサポートネット[9]という活動をしていたこともあり、「この子どもたちを救えないのはおかしい」と思いました。「こんなことは見過ごせない。

▼9　一九九二年に子どもの問題をともに考え、子どもの権利を守ろうとする個人や市民による団体を結ぶネットワークをつくり、その活動をサポートすることを目的として設立された団体。二〇〇四年にNPO法人化。

千葉県内の市民が支えるべき」と思い、立ち上ることを引き受けました。あと、やっぱり、子どもたちに「自分たちのことにこだわりを持ってくれるこういう大人もいるんだ」ということをわかってほしかったという個人的な動機も大きかったです。

小宮　この事件の解決の見込みについては当初どのように考えていましたか。

浦島　正直な話、こんな事件は三カ月くらいでけりがつくだろうと当初は思っていました。軽く考えていましたね。園長が行っていることは、後に裁判でも認定されたとおりの違法行為・犯罪行為なので、千葉県の行政がいかに酷くても、これだけ明るみにされた事件に関してはちゃんと動くだろう、支える会が発足すれば、半年後くらいにはけりがつくだろうと思っていました。しかし、突然〝廃園〟を宣言するなど園長らの抵抗は強く、児童相談所など行政の動きも鈍くて、結論が出るまでは長い時間がかかりました。

浦島佐登志さん

小宮　支える会として具体的にはどんな支援をされましたか。

浦島　千葉県庁へ滝沢友子さんと一緒に訴えに行ったり、その後もさまざまな集会を開いたり、市民向けに駅頭でビラを配布するといった形で子どもたちを支えてきました。

小宮　浦島さんから見て、恩寵園の子どもたちはどんな状況だったのでしょうか。

浦島　本当にこんなことがあるのか、というくらい子どもたちはひどい目にあっていました。しかも、そのひどい状況を「仕方がない」と思っている子どもたちも多かったのです。

小宮　逆に、恩寵園の子どもたちは、浦島さんのことをどのように見ていたのでしょうか。

浦島　どうでしょうかねえ。最初は、「なんでこのおじさん、ここにいるんだろう」と思われていたでしょうね。一緒に動いていく中で、信頼できる大人の一人として思ってもらえるようになっていったと思います。子どもたちが声を上げることによって私たちとも出会い、「仕方がない」ではなく「変えられる、変えなきゃ」となっていったことに、子どもたちの力を感じました。

〝大人観〟の変遷

小宮　被害を受けた子どもたちの立場から、滝沢さんからお話しいただけますか。事件発覚から二三年が経過しました。あらためて恩寵園事件について思うことはありますか。

滝沢　私は事件当時高校生で、施設内でも一番か二番に年長でした。最初は相手が相手なので、話して通じるのか、施設に対して謀反みたいなことをして大丈夫なのか、と心配がありました。千葉県船橋市で弁護士さんも含めて施設内とは違う大人に出会って、「もしかしたら助けてもらえるんじゃないか」と思えるようになりました。

だけど、事件の解決まで長く時間がかかった中で、事件が風化してしまった部分があると思います。事件の始まりと終わりとでは関わる人の数も、子どもの人数もどんどん少なくなってしまったし、私自身も最中に里親委託されたため、事件解決よりも前に施設から出てしまった……。みんなで走りきることができず、自分も最後まで施設の中で闘うことができなかったことに釈然としない部分があります。

当時は、個人的には事件が解決するかしないかよりも、とりあえず毎日生きていくことで精いっぱいでした。寝ることや学校に行くことはできましたが、園での生活は最年長の高校生であったこともあり、自分も不安を抱えながら引っ張っていかなければならない部分もあって大変でした。年度が替わると反抗する子どもは措置を解除されたりして、多くの子どもたちが退園していく中で、県庁に出向くなどしながらも、「これ、本当にはっきりした答えが出るのかな?」と半信半疑の部分がありました。心の中では「はっきりした答えが出る」と、信じていたけれど、途中で自信がなくなった部分もありました。私たちが声を出し始めると、メディアも少しずつ動いて、管轄の児童相談所に行ったりする行動を繰り返すたびに、「これで解決すればいいな」と思っていました。とにかく、あんなに時間がかかるとは思いませんでした。

平湯　先ほど「事件の解決」という言葉を使ったけど、あなたにとっての「解決」とは、どういうことでしょうか。

滝沢　私にとっての「解決」は、園長が替わることでした。園長が替わったら必然と虐待もなくなるだろうと思っていました。虐待を終わらせるためには園長が「辞めること」が必要だと思ったので、園長が解任されることを願っていました。当時の私たちは、恩寵園という施設は園長の〝持ち物〟だと思っていたから辞めさせられないと思っていたけれど、弁護士さんや浦島さんから「辞めさせることもできる」と聞いて、それならば是非辞めさせたいと思うようになりました。

小宮　滝沢さんにとって、「大人」というのは、どういう存在でしたか。

滝沢　あそこにいたからだと思いますが、職員の中にも上下関係があることが見えました。「大人」と言われても、親とは思えませんでしたし、高校生ぐらいになると保母さんとはあまり年が変わりません。そのうえに王様である園

——恩寵園OG——

森川喜代実さん

松尾弘子さん

関根知実さん

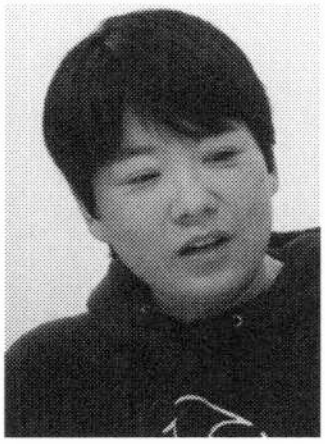

滝沢友子さん

長がいます。「大人」というのは、単純に「自分より年齢が上の人」のことだと思っていました。

浦島さんや弁護士さんたちなど、いろいろな大人に出会っていく中で、「もっと早くこういう大人に出会いたかった」と思いました。でも、その一方で「あんたたち、恩寵園のこと何も知らないでしょ?」「私たちがどんな風にここで育ってきたか、何も知らないでしょ?」という思いもありました。でも、話していく中で、「ああ、話してよかったな」と思えるようになりました。私が施設を出て、大学に行っているときもまだ裁判が続いていて、「こんなに諦めの悪い大人がいるんだ!」と思う一方で、あのままうやむやになあなあに終わらずに、裁判を続けてもらっていたのが本当に嬉しかったです。

小宮　松尾さんはどうですか。

松尾　浦島さんや弁護士のみなさんと関わる前までは大人はただ怖いだけで、大人の前ではいい子でいなければいけないという思いでした。親のところに帰りたかったので。「いい子」でいれば帰れると思っていました。学校の先生も、恩寵園の中で起っていることを知っているはずなのに、何もしてくれなかった。恩寵園を出るまでは仕方がないから、いかに、自分のいいところだけを見せて過ごそうかという感じでしたね。何歳の頃かは思い出せないんだけど、浦島さんや弁護士さんたちと知り合って、いろいろなことを聞かれたけれど、「コイツ、なんでそういうこと聞いてくるんだろう？　私たちにはこれが普通だけど、喋ったところで何をしてくれるんだろう？」と思っていました。

流されたというか、施設で自分の感じていたことを話して何か変えてもらえるなら、という思いだけで原告になりました。「みんなと一緒にそのときの話ができればいいや」と。私は滝沢さんみたいに先頭を切るという感じではなかった。だから、「施設の外の大人は誰も助けてくれない」「話しても信じてくれないし」「話しても関わりたくないだろうし」と思っていました。「園長を辞めさせたり、謝らせたりすることなんて、どうせできっこない」と思っていたから、無力感が強かったですね。でも、浦島さんや弁護士さんと出会って、「やっと、ちゃんとした大人に出会えた」「これが本当の大人なんだ」と思えることができました。それで、「恩寵園の園長に謝ってほしい」「責任を取ってほしい」と思うようになりました。

小宮　関根さんはどうですか。

関根　私もはじめは、「世の中の大人で信じられる人は一人もいない」「話したとしても、どうせあしらわれるだけだから。だったら話す必要はない」と思っていました。施設に入ったときも、児童相談所の人には、「施設の人はお父さん、お母さんと思っていい人だからね」と言われました。でも、とてもそうは思えなかった。話しても怒られるし、話したいことを言うと叱られる。今でもそうだけど、人前でお話しすることは苦手です。だから、「世の中の大人の人はただの人、ただのお隣さん」としか思っていなかった。そんなレベルでしか考えていなかった。それが、裁判が始まってからは、サポートしてくれる浦島さんや弁護士さんに出会って、「なぜこの人たちはこんなに動いてくれるのだろうか」とずっと不思議だった。それが、あるときから心を開けるようになって、自分の本心が話せるようになってきた。「こういう人たちもいるんだな」「自分もこういう人たちのようになりたいな」「人を人として見ていきたい、そんな大人になりたい」と思わせてくれたのがここにいるみなさんでした。

小宮　森川さんは児童相談所には駆け込まずに、施設内に残って小さい子たちと一緒にいることを心掛けたと聞いています。

森川　大きい子が動くことで小さい子にしわ寄せがいくんじゃないかと心配したことが理由です。大人については、とにかく「怖くて信じられない存在」でした。怒りと恐怖が混じって、「大人なんかにはなりたくない」とずっと思っていました。

誰も私たちの味方になってくれない中で、浦島さんや弁護団の人たちが味方になるといって登場したことには、戸惑いも感じました。私は反抗的だったから、一七歳で措置を解除されました。そして一度も一緒に暮らしたことのない父親の所に引き取られて、路地裏にあった一軒家に連れていかれた。その家は荒れ放題でした。二階に上がって下に降りたら、二万円が置いてあって、父は消えていました。独り置いて行かれ、公衆電話から友達に「死にたい」と連絡したら駆けつけてくれました。また捨てられたんだと悔しくて悲しくて……。その後、弁護士さんが父親に「親権者として、この子を養育する意思はあるのか」と、一緒に聞きに行ってくれました。ないとわかって、私は、「お前は私を二度捨てたんだ、一度目は乳児院に入れたとき。二度目が今度だ！」と泣き叫びました。だから、私たちに本気で味方する大人などいるはずはないと思って大きくなってきたから、初めは信じられなかった。でも、私は人見知りがなくて単純な性格なので、ほかの子よりもすぐに甘えた方だと思います。浦島さん夫妻が、私たちを泊めてくれたり一緒にご飯を食べてくれたりしてくれる中で、本当に親身になって話を聞いてくれたり、交渉にも同行してくれたり、戸惑いながらも、その優しさを感じていったんだと思います。あのとき、浦島さんや弁護士さんたちと会っていなかったら、確実に今の自分はないし。みなさんに支えてもらったことは、本当にラッキーだったなって思っています。

児童福祉関係職員の養成

小宮　滝沢さんは、児童養護施設にケアワーカー（児童指導員、保育士）として来る大人たちについて、「『可哀想な子を助けてあげたい』といった安易な思いだけでは来ないでほしい」「家庭で親と暮らせない子どもたちを社会が養育する（社会的養護）システムについてもっと勉強してきてほしい」「学校教育の中でも社会的養護という環境の中で育つ子どもたちがいることを授業で教えてほしい」といった趣旨の発言を、以前していましたね〔↓八二頁〕。

滝沢　そのことは、いろいろな所で話してきましたけど、児童福祉施設の職員養成システムの中でカリキュラム化させるには、国会などでも取り上げてもらうことが必要だと思います。

現状では、単に「子どもが好き」というレベルや同情心だけで施設養護の世界に入る人が少なくないと思います。学校でも社会的養護についての教育はほとんど行われていません。

親と暮らせない子どもは、成長に欠かせないとされる大切な「愛着」を身につける機会を奪われてしまうのですから、期待したとおりの養育ができないのは当然なんです。だからこそ、職員の養育についての専門性が問われるのではないでしょうか。しっかり社会的養護について学んでから職員として来てもらうのが一番ですが、就職してから十分な研修の機会が得られないまま、実践の中で学んでいくしかない場合も多いでしょう。

職員にとって、自分の思うような養育ができないのは、大切にされた経験がない困難な環境を生き抜いてきた子どもの「辛さ、悲しさ、悔しさ、寂しさ」を具体的にイメージできないことが原因なのではないでしょうか。養育という仕事は、そうした子どもを親に替わって育てていくことなのだと考えてほしいです。だから養育の困難さを理由にして、〝育てにくい子ども〟として見切りをつけるのではなく、専門性を身につけて、正面から社会的養育に取り組んでほしいと思います。

平湯　今、滝沢さんから「学校教育の中で社会的養護を取り上げてほしい」という指摘がありましたが、それくらいは実現しなければならないと思います。優れた人材を、施設に十分には集められていない。恩寵園事件は、どういう教育システムが施設職員養成に必要なのかを考える教材のような事件でもありました。施設で暮らす子どもたちが、「ああ、この人に話を聞いてもらえてよかったなあ」と思えるようなケアワーカーを増やすことです。そのためにも、「大切なのは何よりもヒトなんだ」と社会に訴えていくことが必要です。

小宮　施設職員だけでなく、児童福祉司など児童相談所の職員の資質や専門性が低下しているとの指摘が、厚生労働省社会保障審議会の専門家会議やワーキンググループの議論の中でも出ています。[10]

恩寵園事件では最初、一三人の園生が、それぞれ自分を措置した五カ所の児童相談所ごとに、分かれてSOSを出すために逃げ込みましたが、解決に向けて児童相談所職員が動いた形跡や姿はほとんど見えないですね。

▼**10**　二〇一六年七月二九日開催「第1回子ども家庭福祉人材の専門性確保ワーキンググループ」〈https://www.mhlw.go.jp/stf/shingi2/0000136037.html〉、二〇一六年七月二九日開催「第1回新たな社会的養育の在り方に関する検討会」〈https://www.mhlw.go.jp/stf/shingi2/0000136352.html〉、二〇一九年九月一〇日開催「子ども家庭福祉に関し専門的な知識・技術を必要とする支援を行う者の資格の在り方その他資質の向上策に関するワーキンググループ」〈https://www.mhlw.go.jp/stf/shingi/other-kodomo_554389_00011.html〉。

浦島 彼らがまったく何もしていないわけでなく、子どもたちが駆け込んだうちの一つ、市川児童相談所では、いろいろやろうとしたものの結局できずに児童相談所を辞めた職員がいました。私が支える会代表になれたのは、自分が東京都の職員だったからです。もし千葉県職員だったら無理だったでしょうね。何とかするにも、方法がなかったのが問題なんだろうなと思います。

法律家として闘いから学んだこと

小宮 弁護団長を務めた山田弁護士は、真っ先に市川児童相談所に駆けつけて子どもたちの話を聴き取られましたね。この闘いの中で子ども福祉について何を学んだのかお話しいただけますか。

山田 子どもに緊急の事態が生じたときに、救済のためにすっ飛んでいける制度がいまだに実現していないということに気づきました。事件当時、私自身、「すっ飛んで行っていいのか?」ということを、まず悩みました。でも、私自身が「すっ飛んでいくタイプ」だったこともあって、すっ飛んでいってしまいました。

子どもたちに緊急事態があった際に、現場に踏み込む権限を持つオンブズパーソン制度があ

——恩寵園事件弁護団——

坪井節子 弁護士

渡邊淳子 弁護士

山田由紀子 弁護士

平湯真人 弁護士

木下淳博 弁護士

れば、私のような躊躇はしなくてすむ。私があのときにあそこで躊躇して行くことがなかったら、もう恩寵園の向こう側に子どもたちは入り込んでしまったと思うんですね。ほかの場所で子どもたちから話を聞き出そうとすることは容易なことではなくて、私自身もいったん施設の中に入ってしまった子どもたちと接触するのは非常に難しかったです。公園に呼び出してテレホンカードを配って、「何かあったら私に電話しなさい」と必死で伝えました。

　今は、子どもの権利ノートがあります。そこには、「○○に電話しなさい」と書かれているかもしれないけれど、電話してすぐに誰かが飛んで来てくれるかというと、なかなかそうはならない。弁護士は誰かの代理人でないと介入ができない建前だけれど、子どもに関しては、代理人にならなくてもオンブズパーソンのように介入できたり、子どもたちの代弁をできたりする制度が必要。それが私が一番指摘したいことです。

小宮　渡邊弁護士は、いかがですか。

渡邊　始まりは、苦肉の策としての住民訴訟でしたので、千葉県から施設へ出される措置費について検討してみた結果、「この裁判は法律上では絶対に負けるぞ」と私は思っていました。正直なところ、そういう法律家としての観点でしか当初は考えていませんでした。それが、最後まで園長に反抗し続けてきた森川さんが一七歳の五月に突然、園から入所措置を解除され、養育する意思などまるでない父親の元に帰された。しかも、父親は森川さんをたった数時間で誰も住んでいない二階建ての木造のあばら家に放り出したのです。独りで住まわされていた彼女の自宅に行ったときには、森川さんは公共料金を払うということを知らなかったため電気・ガス・水道は止められ、家のドアには鍵もついていなかったのです。「こんな劣悪な住環境に子どもを、しかも女の子を独りで住まわせることを平気でする大人がいることは許せない」と、まず思いました。

恩寵園事件で学んだことは、山田弁護士もおっしゃったように、「飛んでいく、目の前で見る、直接聞く」。そういうことをしなければならない。いくら本を読んだところで、実際にはわからない、ということでした。だから、本当に子どもたちがSOSを出せるシステムが必要だし、SOSを出したら誰かが飛んでいって、何か行動できることが必要だと思います。だけど、なかなか実現できていない。

カリヨン子どもセンター[→二五頁]では、カリヨンの施設に入所する子どもには、必ず一人「子ども担当弁護士」をつけています。やはり、そういう大人が、児童養護施設に入る子どもには必要だと思っています。

小宮　坪井弁護士は、どのようなことを学びましたか。

坪井　私も恩寵園事件から学んだことは、「現場を見て、当事者の子どもから話を聞かなければ何もわからない」ということです。

東京弁護士会の子どもの委員会の中に児童福祉部会をつくった当時、恥ずかしながら児童養護施設とは何かをまったく知りませんでした。そこで、児童養護施設の職員の方たちとの勉強会に参加していたのですけれど、この事件に遭遇して、特に、森川さんの証人尋問の担当者として話を聞きました。彼女の言葉の一つひとつが私には衝撃でした。

助けてもらえなかった子どもたちは、「自分たちはいじめられるために生まれてきたんだ。大人になんかなりたくない。大人はみんな悪魔だと思ってきた」と言いました。「ああ、この子たちは、これまで、どういうふうに生き、どういうふうに諦めさせられてきたのか」「弁護士なんかには太刀打ちできない」ということを思い知らされました。

自宅を開放して、行き場所を失った子どもを受け入れてくれた浦島夫妻。メディアの人の中にも、報道しながら、子どもたちの生活を支えてくれる記者さんたちがいました。こうした、自己犠牲を払ってでも子どもの日常生活を支えてくれた人がいなかったら、われわれ弁護士だけでは裁判はできませんでした。

子どもたちは、行き場のないまま、どんどん成長していきます。弁護士が法的な支援をしようとしても、生活そのものを支える人と連携しないと結局、何もできません。しかも、すぐに子どもの命を支える誰かが必要でした。今晩泊まる所がない子どもたちに、「三日後なら何とかなる」では意味がありません。〝すぐ、そのときに支える人〟が必要でした。子どものシェルターがほしいと思ったのは、今晩泊まる所がない子どもに緊急避難場所を提供できるパワーと資源が必要だったからです。カリヨン子どもセンターの活動に不可欠な子どもを真ん中にした多機関のスクラム連携という姿勢・発想は、恩寵園事件で学びましたね。

小宮　木下弁護士はいかがですか。

木下　山田弁護士から恩寵園事件の弁護団に誘われたのがとても嬉しかった。滝沢さんが高校進学を希望したもののダメだと言われ、施設長に土下座をさせられたということを聞いて、私は許せなかった。高校に進学するなんてごく普通のことなのに、子どもたちを自分のモノのように扱うのが許せなかった。この事件を通じて、そういうことがまかり通っている現実があることを学びましたね。

渡邉　そうですね。高校に行きたい理由を園長から聞かれた滝沢さんが「勉強したいから行きたい」と答えると、園長は「そんなものは理由にならない」と言って願書を何度もゴミ箱に捨てたという裁判での証言は衝撃でした。「この時代に……」と信じられなかった。

小宮　平湯弁護士はいかがですか。

平湯　学んだというより、反省しているのですが、日常的に当事者である子どもの声を聴きながら、施設で暮らす子どもたちの「ふつうの生活」を、どうやって充実させていくのかについて考え実践することこそが子ども福祉弁護士としての責務なのではないか、と考えさせられました。訴えを起こすというのは、その次の仕事です。訴訟で子どもの代理人を務めるのは私たちの仕事ですが、その前に「ふつうの生活」を安心して安全に過ごせることこそが子どもの権利です。我々の仕事は、コトが起きる前に、「ふつうの生活」を送る権利の代弁者でなければいけないのではないか、ということを学びました。

大人たちはどう変わったか

小宮　恩寵園事件を「子ども救済」という視点でもう少し広くとらえた場合、この闘いが内包していた課題と、それを今日的な視座でとらえる場合のポイントはどんなことでしょうか。

山田　一番パワフルだったのは子どもたちの意見表明です。まさに意見表明権▼11を行使したといえると思います。闘いが始まった冒頭で、滝沢さんが恩寵園の子ども自治会の代表として、担当だった千葉県の児童家庭課長に「何とかしてほしい」と訴えに行ったのですが、応対した課長は「私たちには何もできない」とけんもほろろに子どもたちの面前で言ったのです。でも、終盤になって廃園を園側が表明したときには、「私たちは廃園阻止で闘う」と子どもが前面に出て、厚生省（当時）まで出向いて訴えたのです。

子どもたちは、団結して闘うという形で、私たち大人を信じてくれたんだと感じました。私たち大人は、最初は「子どもを救う」と思っていたけれども、最後は「子どもの意見表明にすがろう」と言っていました。

坪井　子どもたちは、園長を解任してほしかったけれど、すぐにはできませんでした。でも、

▼11　子どもの権利条約第一二条は「意見を表す権利」が規定されている。「子どもは、自分に関係のあることについて、自由に自分の意見を表す権利を持っている。その意見は子どもの発達に応じて、十分に考慮されなければならない（日本ユニセフ協会抄訳）」としている。

子どもの声が行政を動かす最大の力だ、ということを確信できました。

後の筑波愛児園事件▼12では、急いで弁護士を集めてチームを編成し、子どもから聞き取りをして、都の人権救済のフレームに持ち込んだ。結果として、都が園長解任に動いたのです。恩寵園事件での教訓を次に生かせたのですね。

今の児童相談所は本当に疲弊していると感じます。たとえば、「カリヨンのシェルターに一時保護委託なんてしたくない」という人がいるそうです。「カリヨンには『子どもの代弁者』の弁護士がいて、『子どもがこう言っている』と児童相談所に言ってくるから、うるさくて仕方がない」などという声が聞えてきたりするのです。

これは、明らかにおかしいでしょう。対応の迅速性の担保と、子どもの言い分を聞くことが、対立軸としてとらえられている。「子どもの言い分なんて聞いてられない」という意識。これが実に厄介です。「この忙しいのに、うるさく言ってこられたのでは、ほかの案件ができなくなる」「子どもの意見表明権の保障などできるか」という意識が、実は腹の底にある。これが

▼12　茨城県つくば市の児童養護施設「筑波愛児園」（東京都の児童相談所が子どもを措置し、運営費も負担する都外施設）で、二〇〇二年一〇月に発覚した職員による入所児童への施設内虐待事件。東京都、茨城県、同県土浦児童相談所が児童福祉法に基づく立ち入り調査の結果、一九九二年ごろから約一〇年間にわたって職員九人による暴力が行われ、少なくとも二〇件の虐待行為があったことが判明し、都が改善指導した。設立母体である社会福祉法人の理事長兼施設長は引責辞任、加害職員七人は退職した。同施設を訪問していたボランティアが入所児童から話を聞き、東京弁護士会子どもの人権救済センターに人権救済申立てを行ったことで発覚した。

今の児童相談所の現場かもしれません。児童福祉司さんたちの疲弊状態は何とかしなくちゃいけないですね。

木下　最近、弁護士会の子どもの委員会に入ってくる弁護士の多くは、児童虐待に関心があると聞きました。昔は少年法改正問題に取り組む弁護士が主流でした。児童虐待問題は、私たちが種を蒔いたと思いますが、これは弁護士だけがやるものではなく、民間の方たちと手を組んで、弁護士はお手伝いする位置にあると思います。

政府は、東京都目黒区や千葉県野田市の児童虐待死亡事件が続発しているのを受けて、二〇一八（平成三〇）年に関係閣僚会議を開き、現在の児童福祉司数を、二〇二二年度までに、さらに二〇二〇人増員して、児童福祉司一人当たりの業務量を「虐待相談は一人四〇ケース相当」と設定されているのを見直し、「虐待相談＋非行など虐待以外の相談合計で一人四〇ケース相当」になるように設定する「児童虐待防止対策体制総合強化プラン」などを策定して、急増する虐待相談・通告・通報に対応する……などと言っています。しかしながら、人数からいっても福祉司は手が回らない。民間が動き、税金が虐待問題を扱う民間に流れる仕組みを作らなければならないと思います。子どもを助ける主戦場は民間にあるということを強調したいと思います。

児童相談所が弁護士を敵視する構図は昔からありました。「弁護士が何をしに来たんだ」と思われているのがわかり、講演会では、内容を「そうではなくて、何とか弁護士を使ってほしい」という話に切り替えたこともありました。児童相談所は親の処分官庁なのに、同時に親の支援もしなければいけない。この相反する二つの機能を合わせ待つことの是非に関する議論はずっと続けてきましたね。私個人としては、児童相談所は処分に特化し、支援は民間を使うべきだと考えています。

渡邊　坪井弁護士がおっしゃたように、現時点では、児童相談所からすれば「子ども担当弁護士」がいるのは目障りだと思っているかもしれないけれど、質・量ともに今の児童福祉司の状態では虐待など子どもの権利侵害に関する通告や通報、相談などを処理できないでしょうね。私は、子ども一人ひとり全員に担当弁護士がつき、論理建てて児童相談所に伝えることができれば、それは児童相談所も助かることになると思います。現状ではそのシステムが担保されていない。

「支援に民間の力を使う」と木下弁護士がおっしゃいましたが、港区青山に新設する児童相談所計画をめぐり、そういった施設ができたら土地の価値が下がると反対運動が起きた騒動を見聞きしていても、「自分には、社会的養護の世界で生きる子どもは関係ない」と思っている市民がたくさんいることがわかる。私だって、もし、恩寵園の子どもたちに出会わなければ、そういう認識でいた可能性が十分あった。今の日本にも、私たちの隣にも「死ぬより辛い思いをしている子どもたちがたくさんいる」ことをもっと知ってほしいですよね。「子どもの貧困」といわれる実態は少しも改善されていかない。今の日本には子どもに時間とお金と人手を割く余裕がないのか、と悔しくなります。

残された課題

小宮　かつて、関根さんは「今でも恩寵園でされたことを夢に見る」と私の取材に答えたことがあります。この症状は、恐怖体験（トラウマ）による心的外傷後ストレス障害（ＰＴＳＤ）です。恩寵園で傷つけられ、心を踏み躙られた子どもたちは、全員がトラウマを念頭に置いた治療を受ける必要があると私は考えています。しかし、恩寵園の子どもたちは、一人としてトラウマに焦点を当てた心の治療を受けていないと思います。施設に入所した子どもたちがこのような状態であることは、弁護団でも想定できていなかったのではないですか？　でも、支える会や弁護団のみなさんのような「諦めの悪い大人たち」「助けてくれた、味方になってくれた大人たち」に会えたから、彼女たちはそれぞれ〝自己治療〟しながら世の中を生き抜いてきたと思います。その点について何か思うところはありますか。

山田　小宮さんのおっしゃる通り、弁護団もトラウマの治療は想定できていませんでした。その理由としては、現在ほど「心の治療」というものが着目されていなかった時代背景もあります。しかし、それ以前に、まずは恩寵園内部での施設内虐待の事実を認めさせること、子どもたちが生きる道を見つけることで必死だったのです。

そして、この二つは、単にそれしかできなかったというだけでなく、子どもたちのトラウマの軽減のためにも必要なことだったと思います。実際には得られませんでしたが、虐待の事実認定に加えて園長からの〝心からの謝罪〟が加わっていればなお良かったのに……と、今さらながらに残念に思います。

渡邊　先日、子どものころに虐待を受けた経験のある方が、大人になっても生きづらさを感じているというお話をうかがう機会がありました。想像を絶する内容、あまりに深い心の暗闇に、参加者全員言葉が出なかったのですが、恩寵園事件の原告のみなさんの多くも、きっと口には出さないけれど、大きな心の傷を抱えたまま、生きづらさを抱えながら生きているのではないかと想像します。

国は現在、児童福祉司を増員すると言っています。もちろん、現時点ではそれは必要なことだとは思いますが、あくまでも対症療法で、本当の意味での子どもたちを救う施策とは言えないと思います。もちろん、子どもたちからのＳＯＳを受け止める施策も必要ですが、何といっても子どもたちに虐待の被害を受けさせない、予防が重要だと思います。それには、実は親に対する支援が必要だと私は思っています。

虐待してしまう親は、社会から孤立した人が多いのですが、そういう人にどうやって支援を繋げるのか。とても難しく、大変な仕事だと思いますが、そこにこそ焦点を当てた施策が必要だと思っています。そのためには、民間の知恵や活力を生かしていかなければ、お役所仕事では到底できないと思います。「カリヨン子どもセンター」のスタッフを見ていると、本当によくここまで子どもたちにつき合ってくれるなと感心します。子どもにとことんつき合うのだという覚悟があるのでしょう。また、民間だからこそ、とことんつきあえるということがあると思います。親の支援についても、子どもと同じように親ととことん向き合うのだという人もいると思います。そういう民間の力を使って親を支援することによって、結果として子どもを救うというシステムができるといいなと思っています。

坪井　恩寵園の子どもたちが、その後、社会人として独り立ちをしていく道も、ため息が出るほど大変なものでしたが、事件の後、カリヨン子どもセンターの活動が始まり、すでに一五年になります。

虐待の傷を抱え、家族のもとに帰ることができない子どもたちが、二〇代、三〇代の若者として生きる過程に、どのような困難を抱えるのかを、目の当たりにするようになりました。就職をしたが続かない、転職がうまくいかない、家賃が払えない、同棲相手から出ていくように言われたものの行先がない、妊娠をしてしまったが相手は逃げてしまった、出産をしたが虐待をしてしまいそうだ、事故を起こし責任を問われている、収入が途絶え食べる物もない、市区町村の窓口に相談にいったが断られた、などなど。

自立援助ホームはアフターケアが使命のひとつであり、職員がそのために奔走しています。社会的養護出身の子どもたちのアフターケア事業に取り組むＮＰＯもあります。東京都の「若ナビアルファ」[13]は、そうした若者の相談窓口として開設されています。困窮者支援、居宅提供支援、障がい者自立支援など、さまざまな制度が少しずつ整備されてきています。

それでもなお、児童福祉法の領域での支援に比べれば、困難を抱える若者支援は、あまりに手薄です。そして若者がそれらの支援にたどり着くのが難しいのです。その若者が暮らす地域に、どのような支援グループや制度があり、そこで活動している人たちが顔の見える関係で、どのように連携をしているかという情報がほしいですね。

そして、若者の個別ニーズに寄り添い、支援をコーディネートできるパーソナルサポーターがほしい。それが現在のカリヨン子どもセンターの重要な課題のひとつです。多くの児童福祉に関わる現場の人々、若者支援に関わる人々が、官民連携の中で当事者の若者を真ん中にスク

▼13 〈https://www.wakanavi-tokyo.metro.tokyo.lg.jp/〉.

ラム連携を組めるようになることが夢です。

木下　アフターケアについて、考えたことはあります。カリヨンの先駆けといってもよいある児童福祉施設の設立について相談は受けていましたし、そこの卒園生の事件も扱ったことはあります。施設を出ても、独立して生活ができない、保証人がいないなど、過酷な現実を味あわなければならない。それをどうやって助ければいいかという話は常に聞いていました。ただ、人間できることは限られているわけです。私が提供できるのは、法律しかない、と割り切っていました。ですから、坪井先生が子どもたちのアフターケアを始めたと聞き、びっくりして、内心は反対でした。ですが、立派にやりとげられた。そこがすごい。考えたが、自分の領域ではないと、考えるのを放置していたと言ったらいいでしょうか。

平湯　恩寵園事件では、弁護団が被害当事者である子どもたちに施設を出てからのアフターケアを行うということはありませんでした。園生の皆さんは、それぞれ自分の道を生き抜く中で「自分で自分を手当てする」ことをされたのだと思います。それは、「自分にはあれがなかった。これがなかった」「してもらえなかった」といった〝怨み〟や〝無いものねだり〟ではなく、文字通り自分の力で切り拓いたのだと想像します。

それだけに、私たち大人は「コトが起きたら動く」のではなく、施設で暮らす子どもたちの毎日の生活が「ふつう」であるように気を配らなくてはならないのですね。常に当事者と一緒に勉強会等を行い考えめぐらせることで、課題はより細かく具体的に見えてくると思います。

後輩弁護士へのメッセージ

小宮　みなさんに続く弁護士たちに手渡したい〝バトン〟はありますか。

山田　これから子ども福祉に携わろうとする弁護士たちに伝えたいのは、闘いとは内容証明や裁判だけではない。現場に飛んでいく、運動を呼びかける、子どもの意見表明権を生かす、ということが大きな要素なのだということですね。私たち弁護士の仕事は、社会の矛盾が原因となって現に困っている子どもや大人を何とかしようとすることのはずですよね。その手段として、法律という武器を学んでいるのです。弁護士の仕事をどうとらえるか、というときに、目の前にある社会の矛盾や子どもを何とかするのが目的で、その手段として法律があるだけのことです。それを理解してもらえたらなと思います。

渡邊　木下弁護士もおっしゃったように東京弁護士会の子どもの委員会のメンバーは、児童虐待への関心が強い人が多いです。お金にならないのに、とても一生懸命に活動してくださる若い弁護士も多いです。でも、最初は「子どもに寄り添う」ことがいかに難しいかを痛感すると思います。子どもは、いろいろな心の表し方をするので、どう対処すればいいのか悩むでしょう。そのときに「ああ、この子大変だったんだよな」と思えるかどうか。それを心から実感し、共感・共有できれば、弁護士活動の大切なきっかけになるのではないでしょうか。

木下　人間は変わります。加害者となったときでも、検察官の取調べで、何が正しいことか自覚するかもしれない。裁判官が犯罪事実を読み上げ聞かせることは、自分が何をしたかに繰り返し直面することです。子どもというのは、成長し変わる。だから大人はそれを援助しなければいけない。時間と機会を保証すれば必ず変わるということを信じて確信を持ってほしいです。

坪井　弁護士だって食べていくのは大変です。でも、弁護士として本当に腕を磨きたいと思うなら、一年に一度か二度でいいから子どもの事件をやった方がいい。子どものニーズを聴き取って、それを実現する方法を徹底的に考え抜く。それが法律家の技量です。子どもが依頼者であるときが、一番難しい。だから鍛えられます。私は何と無力なのだと痛感します。「自分は、子どものことを理解している大人だ」などと思い上がっているときは、さんざん痛めつけられます。「今私は、あなたのことをどうしていいかわからない」と自覚していないと、子どもは話してくれません。「あなたのことを一番わかっているのはあなたです。お願いだから聞かせて」という姿勢ですね。

平湯　困っている当事者である子どもが、相談電話にアクセスしてきたり、法律事務所に直接相談に来たりすることが弁護活動に結びつくことはよくあります。その場合も、その子どもにとっての「ふつうの日常」がどういうものかを理解していないと、相談者である子どもの言葉が私たちのアンテナには引っかかりにくいと思います。子どもの声や相談のどこに「あれ、おかしいぞ」と思うことができるのか、「これは権利侵害ではないか」と着眼できるのか、こちら側の感度が問われるのだと思います。別な言い方をすれば「子どもの言葉、つぶやきのどこに反応できるか、そのアンテナ、レーダーの性能が問われる」とでも言うのでしょうか。

私が子どもの問題に取り組んできて核心だと思うのは、「ディティールの中にこそ、真実は宿っている」ということです。正面から相談に来た〝依頼者〟でなくても、子どもに関しては、集会でも、勉強会でも、研修でも、心して細かいことを聴き漏らさない、わからなければわかるまで丁寧に聴きとることが極めて重要ですね。そのことは恩寵園事件でも痛感しました。

わかったような気にならない、「多分こうだろう」という驕りは排除して、徹底して事実にこだわる。細かく聞き、集め、法律実務として事実を構成し直す。そこにこそ我々、子どもにかかわる法律家、つまり、子ども福祉弁護士の真価が問われるのではないでしょうか。

今、施設にいる子どもたちへ

小宮　元園生のみなさんから、今現在、養護施設で暮らしている子どもたちに伝えたいメッセージはありますか。

松尾　私たちの頃と違って、今の児童養護施設には、お手本になる良い大人が目の前にいるでしょう。あなた方の話をちゃんと聞いてくれてアドバイスだってしてくれているはずだと思います。子ども一人ひとりに向き合って接してくれる職員さんの方が多いでしょう。だから、暴力で自分の気持ちを表現するのではなくて、時間がかかってもいいから、言葉で伝えられるようになってほしいです。暴力では本当の気持ちは相手に伝わらないから。考えや気持ちを言葉にして伝えるのは難しいかもしれないけど、頑張ってほしいと思います。

森川　良くも悪くも、私たちが暮らしていたときとは時代が違うし、子どもたちの感情も違うだろうからなんとも言えないけど……。自分は特別なんかじゃなくて、生まれてきたからには、みんなと一緒で、喜び、悲しみ、挫折もどちらも味わうべきだと思う。「私たちはかわいそうな子なんだから」と特別扱いを求めるのも違うと思う。周りにいる施設職員の中に、自分と正面から向き合ってくれる人がいる場合は、感謝しながらも、自分の意思でしっかりサポートしてもらいながら、生きていくべきなんじゃないかなと思います。

孤独感や、自分の周りには「サポートなんてない」と感じて、辛い思いをしてるならば、一歩外に踏み出して、自分のことをさらけ出してみるといい。味方になってくれる大人は必ずいるから。あなたが辛い思いをしているなら、ほんの少しでもいいから、外にＳＯＳを出す勇気と知恵を知ってほしいと思います。

一番大事なのは、どんな環境でも前向きで笑顔でいることです。たくさん道を外してもいい。でも、死んだりしたらダメ。いろいろな経験をして、周りに感謝して生きていくことは、親がいる子でも、いない子でも、平等です。自分で自分を感じながら生きていけると思います。

滝沢　当然のことなんですけど、自分の子どもを持ってからは、「子どもには幸せになってほしい」と思うようになりました。一番良くないのは、子ども時代に「子ども」でいられないこと。実の親と暮らせない子どもに、愛情のある甘えられる環境をつくってあげてほしい。子どもが素直に甘えられるようになってほしい、ということ。甘えられない環境になってしまうのは、絶対的に大人が悪いと思う。わがままを言ったりしてもいいし、自由にのびのびとしていいんだよ、と。もちろん、わがままがどこまで許されるのか、というのは育つ環境によると思うけれど、自分たちのときは、わがままも、のびのびも何もまったくなかった。そういう育ち方はよくないと思う。自分たちと同じような生い立ちだけはなくしてほしい。

関根　どんな理由があっても、施設の職員は傷ついてきた子を、もう一度傷つけることだけは止めてほしい。私も絶対にしたくないです。私は小学六年から姉弟四人で施設に入りました。四人のうち一番年上の私だけが中学二年のときに一人で恩寵園を脱走してしまったから、四人が一緒にいられたのは二年半くらいの間です。本当に当時は、地獄みたいな環境だったから辛い記憶しかないけれど、それでも四人で仲良くした「小さな幸せ」を味わう時間はありました。
施設の子は、学校でも差別的な扱いをされたりすることもあるだろうけれど、そういうときの悔しさ、悲しさなどの気持ちを言えるのは職員さんしかいないのです。だから、子どもの気持ちを聞いてくれる職員であってほしいです。私が言えるのは、勇気をもって、自分の気持ちを職員さんに言ってほしい。頑張ってほしい、ということですね。

〝ふつうの生活〟とは？

平湯　当時、元園生のみなさんから聞いた「ふつうの生活がしたかった」という言葉を今、噛み締めながら考えています。「子どもにとっての〝ふつうの生活〟とは、どういうものなのか」と。最後にみなさんにおうかがいしたいのですが、子どもにとっての「ふつうの生活」とはどういうことだと思いますか？

森川　私は○歳から施設だから、そもそも「ふつうの生活」なんてわからなかったけど、きっと普通の子は、親に甘えて素直に何でも話せて、お菓子も食べられるし、愛情を注いでもらってるんだろうなーって、小さいときから思ってたかなあ。とにかく脅えながら生活しないということが「ふつうの生活」なのかもしれないですね。

松尾　「愛」からは遠い場所で生活していた私たちにとって、とても必要であるはずの「愛」は、まったくなかったです。「ふつうの生活」の中には必ず愛があるのに……。

子どものころに愛されたという記憶がない私は、施設を出た後で、ある家族から愛されましたが、生まれて初めて「無条件の愛」に触れたものだから、逆に戸惑ってしまって、その愛情を受け止めることができずに逃げ出してしまったことがあります。だから、「ふつうの生活」というのは、愛のある生活のことだと私は思います。

関根　さきほども言いましたが、私たち姉弟四人は私が小学六年のときから恩寵園に入りました。それまでの生活は、お菓子も買えない経済状態で荒れた生活でした。児童相談所の人から「お父さん、お母さんだと思っていいよ」と言われて連れていかれた恩寵園は、いつも見張られていて、何か気に入らないことをしたら怒られる、決まりごとを守らないと叱られ、暴力を振るわれる監獄のような生活でした。いつも緊張して「どこかに隠れて自分たちを監視しているんじゃないか」と、心も体もガチガチでした。まるで兵隊の生活みたいだった。ご飯の時間は決まっていたけれど、残すと怒られるんじゃないか、こぼすと怒鳴られるんじゃないかとビクビクしていました。私たちは常に大人の視線を気にしていました。「見られている感覚」ってわかりますか？　あるとき、恩寵園とは何の関係もない友達の家に行って食事をご馳走になって驚きました。家族みんながそろって、ニコニコ笑って語らいながらご飯を食べているんです。

私が考える「ふつうの生活」というのは、落ち着いて静かに暮らして、時間が来たら「やったあ、ご飯だ。嬉しいなぁ」と感じる生活です。子どもらしいわがままも言えて、駄目なときは殴るんじゃなくて、きちんと言葉で叱ってもらえて。そういう過ごし方ですね。「柔らかい時間」が存在する生活っていうのかな。

滝沢　「ふつうの生活」という言葉の定義は難しいですね。「普通」というのは社会的大多数あるいは常識の範囲内で決まることが多いと思います。でも、それぞれ暮らしの環境は違うし、どこでどう育ったかには良いも悪いもないと思います。なぜなら、それは子どもが選べることではないから。

少なくともいえるのは、施設であろうが、家庭であろうが「虐待」や「暴力」はあってはならないと思います。生活スタイルがどうあれ、そこに愛情があれば「ふつうの生活」への第一歩なんだと思います。愛情があって心の豊かさを失わないことが、それを生み出す第一条件だと思います。

おわりに

小宮　みなさん、長時間ありがとうございました。最後に平湯弁護士ひとことといかがですか。

平湯　二〇〇〇（平成一二）年五月二四日に「児童虐待の防止等に関する法律」が議員立法で成立しました。その後の度重なる児童福祉法改正につながった歴史的な意義を持っていました。しかし、当初禁じられたのは、保護者による一八歳未満の子どもへの虐待（家庭内虐待）に限定されていたのです。

市民に知られる機会が非常に少ない、家庭で親と暮らすことができない子ども、つまり、児童相談所の権限で親と分離され、施設や里親の元などで暮らす「社会的養護の子ども」が、施設職員などから受ける虐待が存在していることが認められ、法的にも禁じられたのはなんと九年後の二〇〇九（平成二一）年四月のことでした。施設内虐待が起きていることは、施設長や職員はみんな知っていたものの、公になることはなかった。社会的には隠蔽されていました。この問題は永く業界内ではタブー視され、法改正まではブラックボックスの中にあったといっていいのです。そこに切り込んだのはメディアによる報道のみでした。この法改正の契機となったのが児童養護施設「恩寵園」で起きた施設内虐待事件でした。日本中を揺るがせたのです。さきほど元園生のみなさんが語ったように、ことが起きる前に「施設での子どもの生活」を豊かに、安全で安心できるものにしていくことが本当は一番大事ではないかと反省しています。
これは大人すべての責任であり、宿題として先延ばしにしてはならないと思います。

二〇一九年四月五日、現代人文社にて

4 子どもの発信を誰が受け止めるのか

＊週刊「金曜日」九一〇号（二〇一二年）二六頁より加筆のうえ掲載

平湯真人（弁護士）

施設内での児童への虐待が禁止された後も、虐待数は減る兆しがない。子どもたちを守るにはどうしたらよいか。恩寵園事件の弁護団の一人として、この一〇年間の社会における子ども観の変化などをもとに提言する。

施設内虐待の公表レベルが簡略過ぎる

二〇〇九（平成二一）年の児童福祉法改正で施設内虐待（被措置児童等虐待）の禁止と対応が初めて法律で定められた。一九九五（平成七）年に福岡・育児院、一九九六（平成八）年に千葉・

恩寵園での体罰虐待が明るみになってから一〇年以上かかった。

一九九七（平成九）年の国会で、「児童福祉法に施設内体罰禁止規定を設けよ」との野党や民間の要求に対して厚生省（当時）幹部が「当然禁止されているので条文化は不要」とへ理屈を繰り返していたのを思い出す。

改正法の有効性を見るには改正前後の事例（数・内容）の比較が必要だが、改正前は一部の事例が個別の取組み（市民・弁護士）や報道によって知られていたのに対し、改正後は施設などからの通告義務の履行として都道府県に集約、公表されるようになった。

数は改正後のほうが増えているが、内容の深刻度などは公表程度がおおむね簡略なために改正前との比較が容易にはできない（公表程度の問題は課題のひとつ）。感想を述べる形で今の段階での検証を試みたい。

求められる小規模化

従来から施設内虐待の背景には、前近代的な処遇観（福祉は恩恵であり、社会の最低レベルを維持すればよい、との考え方）があり、住居、スタッフの面でも多数の子どもを一つの寮舎に収容する方式が一般的であり、それを基にした管理的養育観（子どもを管理の対象として扱う）が支配的であった。

良心的職員がいても管理的（封建的）運営では子どもたちを救えなかった。恩寵園座談会〔→七五頁〕での元園児の発言からうかがえることところである。

しかし、この一〇年以上の間に変化はいくつもあった。

① 子どもの権利条約の思想が浸透し、養育を受ける子どもの権利が肯定され、施設長が（少なくとも公の場で）体罰肯定発言をすることはなくなった。

② 要保護児童の養育は社会の責任であり、社会的に通用するレベルが必要、という考え方（社会的養護）が子ども福祉の現場でも強調されるようになった。

③ そして②の発展として、愛着形成を可能とする養育の小規模化（敷地の内外の小さな家に少人数の子どもとスタッフが暮らしたり、建物は大きなままでも生活単位を小さくしたりするなど。里親家庭をベースにする方向もある）が多くの施設で試みられるようになった。

このような変化は、管理的養育の場面を減らし、体罰虐待事例、とくに重篤事例の発生を減らしていると言えるだろう。

ただし、改正後の施設内虐待発生の公表事例の中に里親など小規模養育の事例も含まれていることは注目される。小規模養育が当然に愛着形成を可能とするものではないことも指摘されるようになった。少数スタッフで密度の濃い養育をしようとすれば、労働条件も厳しくなり、短期の離職となって愛着形成もおぼつかない。実子への家庭内虐待の場合には近すぎる母子関係が煮詰まり感をもたらすことも指摘されているが、里親の場合も同様な特徴が見られるのかもしれない。

そのようにして見てくると、小規模プラス余裕ある労働条件の実現が、現在の施設内の体罰虐待防止に役立つであろう。

「公益通報」扱いの徹底を

次に改正法の発見通報義務は、それなりに機能していると思われる。とくに職員による通報義務は家庭内虐待の場合と異なり、施設内部の自浄作用を促す機能をはたすだろう。また、職員からの通報を確保するために設けられた、通報した職員への不利益処遇の禁止規定（児童福祉法三三条の一二第五項）の存在は重要である。これまでの体罰事例で子どもの身近で子どもを守ってきた存在として、引き続き良心的職員の存在意義は大きい。これも施設内部の自浄作用を促す機能をはたすだろう。

子どもからの発信を促し支援する視点は、もとより必要であるが、システムでは解決できない。重要なことは、子どもの発信を誰が受け止めるか、である。

なじみのない機関の見知らぬ大人に支援を求めることは期待できない。良心的職員のほかに考えられるとすれば、子どもたちと親密な関係を作れた第三者委員やボランティアであろう。子どもが処遇に疑問を抱き発言する力を養うには、施設内部の取組み（権利ノートなど）のほかに学校教育も重要である。そのためには、学校の教師、生徒を含めた社会の構成員が、社会的養護の実態と課題を共有することが欠かせない。

そうすることで、「社会から見た養護」ではなく、「社会の中の養護」が実現し、施設内虐待をなくす道が開けるだろう。

第 3 章

子どものために
大人は何をすべきか

「施設内人権を考える会」の活動から

児童養護施設での児童死亡事案に取り組む中で、平湯弁護士らと養護施設職員との交流が広がり、養護施設職員と弁護士との懇談会が始まった。これが、やがて施設内人権を考える会となった。本章では、会の成り立ち、会の意義、そして、会の活動から得られたものについて紹介する。

1 「施設内人権を考える会」の成り立ち

掛川亜季（弁護士）

社会の動きと会の展開

平湯弁護士は一九九一（平成三）年に弁護士登録し、東京弁護士会子どもの人権と少年法に関する特別委員会（以下、子ども委員会）の委員となった。

施設内虐待事件について、先駆的に取り組んでいた木下淳博弁護士の存在、また、社会的にも児童虐待に関する民間団体が当時設立されるようになるなどする中で、平湯弁護士も養護施設（当時。現在の名称は児童養護施設）の中での子どもの権利に関心を持つようになる。養護施設での児童死亡事案の刑事弁護に取り組むなどする中で、平湯弁護士らと養護施設職員との交流が広がり、一九九四（平成六）年頃から、養護施設職員と弁護士との懇談会が始まった。施設内人権を考える会の前身である。弁護士の側は、養護施設の実情や課題を知り、子どもへの人権侵害がありうることを知った以上弁護士としてどのように関わればよいのかを知りたい、また、施設職員は、自身の日々の実践を子どもの人権の観点から見つめ直したい、弁護士から法制度や、法解釈について聞きたいというそれぞれのニーズがあったと聞いている。

これと前後して、同年、子ども委員会の中に、児童虐待など児童福祉の分野を主な取組み課題とする福祉部会が立ち上がった。やがて、養護施設職員と弁護士の懇談会は、「施設内人権を考える会」（以下、会）の名称になった。また、会の参加メンバーも施設職員と弁護士に限られず、施設内虐待をはじめとする児童福祉施設での権利侵害に関心を有するジャーナリスト、研究者、里親、民間支援者などの広がりをもつようになった。

一九九六（平成八）年には、恩寵園事件が発覚し、社会的にも施設内虐待が注目を集めるようになった。恩寵園事件のことをきっかけとして、会に参加する方も増えた。

二〇〇〇（平成一二）年、児童虐待の防止等に関する法律が成立するが、施設内虐待については明確な禁止規定は置かれなかった。二〇〇四（平成一六）年一二月には児童福祉施設最低基準の中に、児童福祉施設職員による入所児童等に対する虐待等の禁止が規定された。しかし、その後も施設内虐待事件は続き、とうとう二〇〇八（平成二〇）年の児童福祉法改正により、被措置児童等虐待の一連の法規定が制定されるに至った。

二〇〇八年改正児童福祉法により、被措置児童等虐待については通告等対処の枠組みが整ったが、現実には施設内虐待が起きていても通告がされていないケース、さらには、通告はされたものの、虐待事実は認定できないとされたものの、その調査のあり方について疑義があるものなど、施設内の虐待問題が解決したわけではない。

この間、会は、平湯弁護士を中心として、継続的におおむね二カ月に一回、夜間に二時間程度の会合を持ち、判明した施設内虐待事件について、あるいは、会参加者の抱える施設内の人権課題について意見を交わしてきた。さらには、施設出身者の自立に際しての課題や、そもそもの社会的養護の制度枠組みとしての里親制度との比較検討、里親支援のあり方等、社会的養護下にある子ども達の権利保障全般に話題は拡大してきている。

平湯弁護士は、会の前身の懇談会の当初から参加し、やがて施設内人権を考える会となってからは、会の中心として、常に会に参加して進行を務め、参加者の誰もが自由対等に発言ができ、どの参加者も話題から取り残されないように気を配った。恩寵園事件からしばらく経ち、会に参加していた弁護士もそれぞれ取組み領域が広がり、弁護士の参加者が減る中でも、平湯弁護士は一心に会を継続させ、施設の中の子ども達の人権侵害状況を置き去りにしなかった。

その後、二〇一〇年代後半より、弁護士会執行部から弁護士会員以外からの参加が多数にわたることから、弁護士会の活動として会の活動を維持することについて疑問が呈された。検討を重ねた結果、会は弁護士会とは離れた活動として継続することとし、二〇一七（平成二九）年頃より、くれたけ法律事務所のご厚意のもと、開催場所を貸していただき、おおむね二カ月に一度、夜間の二時間程度の会合を続けている。

それと前後して、平湯弁護士の体調もあり、責任者、つまり会合の進行役を筆者（掛川）が引き継いだ。

会のルール

会がいつも会議の冒頭に確認するルールが三点ある。①発言は自由です。ただし、発言は紳士淑女的であること。②何かを決める場ではありません。③発言者の了解なく、発言の内容を他言しないこと。この三点である。

①の発言は自由とのルールは、参加者にはさまざまな立場の方々（たとえば、施設長や里親や施設職員）がいるが、会の中では何ら上下関係がないこと、どの意見も尊重され丁寧に取り扱われることである。一人ひとりの発言を大切に受け止めることは、子どもの権利保障の場面で大事にされるべきことであるが、それは大人の社会にもいえることであり、各参加者が自分自身を受け止められ、安心感を持つとともに、課題に取り組むエネルギーを回復する場となる。ことに会は、子ども、あるいは施設で働く大人に対する人権侵害、権利侵害という深刻なテーマが主な話題となることが多く、発言者が苦しく辛い気持ちを抱えていることもある。そのような場合にはうまく発言内容をまとめることができなかったり、気持ちが乱れることもある。しかし、それも含めて参加者に受け止められ、未整理な発言をきっかけに参加者全員が考えを深めていくことが会の大事な役割である。

発言は自由

後半の発言は紳士淑女的であること、というのは近年追加された部分である。各分野で活躍するそれぞれの参加者が熱意をもって語り合う中で、個人的経験も含めてつい口調が強くなってしまったり、特定の人物や職域について、激烈な表現を用いることにより、会合の雰囲気が荒れてしまい、他の参加者が自由闊達な議論や安心感を持って会合に参加することが難しくなってしまった時期があった。その反省をもとに、参加者に対して紳士淑女の自覚を求め、自由な議論と安心感のある場の維持を目的としている。

何かを決める場ではない

②の何かを決める場ではないとの意味合いは、あくまでもこの会では、持ち込まれた相談や悩み事について、こうするべきだ、と決めつけたり押しつけたりするのではなく、さまざまな情報を交換・提供したり、意見を交わすが、それを受けてどのように行動し、あるいは行動しないのかを決めるのは各参加者であることを示している。ともすると、弁護士はこうすべき、と決めつけがち、施設職員は、弁護士に方針を決めてもらいたい、となりがちだが、それでは自身で考え行動することによる日常的な権利保障は実現しない。その意味で、この会は、参加者自身が主体的に子どもの権利保障の実践者となることを間接的に促している。

秘密保持

③の発言者の了解なく、発言の内容を他言しない、というルールは、参加者の安全と安心を守るために必須のルールである。深刻な権利侵害が起きている施設では、そもそもこの会に参加していることが露見するだけで、立場が危うくなり、解雇等の不合理な懲戒処分を何らかの理由をつけてなされる可能性もある。参加者の安全を守ることが必要なのである。また、具体的な子どもへの人権侵害、権利侵害の実情を知り意見交換するにはときには相当程度詳細な事情を知る必要があるところ、発言が他言されないという安心がなければ情報共有がためらわれ、意見交換の実があがらない。また、整理され、まとまっ

た考えでなくとも、臆せず発言し、意見交換する中で、自身の考えがまとまる効用があるが、未成熟な発言が外に流出するリスクがあれば、そのような発言はしにくい。このようなことから、了解なく他言しないというルールは、会の存続にかかわる重要なルールである。

会の意義

会の意義はどのようなものであったか。施設職員の立場からの意義を、関氏が明確にしている〔↓一三五頁〕。施設で暮らす子ども達に生じていた各種の権利侵害状況に立ち向かうに際し、会という場があること、その中で自分の立ち位置を人権の観点から確認し、次への行動の羅針盤となるものを得て、みずからの力を経て施設を、そして自身の人生を変革していく様が語られている。

さらに、施設内人権を考える会に早期から継続的に参加しさまざまな課題を提供している黒田氏に、施設運営の課題についての論考「人材を育てる施設運営」をお寄せいただいた〔↓一四一頁〕。

黒田氏は、児童養護施設職員を経て、施設内虐待などの問題が生じた施設の再建を担う役割を期待されて複数の児童養護施設の施設長を経るなどし、現在は乳児院の施設長をされている。

黒田氏は、施設で暮らす子どもや施設で働く職員の権利侵害などの問題が生じて悩みを抱える全国各地の施設職員の相談を受けることが多い様子であるが、黒田氏自身が会に参加し、多様な意見を聴き、議論する中で、現在の到達点である右の論考に至ったと考えられる。つまり、会は思考の整理の場になっており、その中で得たことをもとに、黒田氏は自身の勤務先施設のみならず、他施設の職員達にも惜しみなくその知恵を与え続けている。

プラットフォーム

平湯弁護士がこの会を大切にし、継続維持させてきた理由は何か。それは、弁護士として単に訴訟等の法的手続やあるいは弁護士会の人権救済手続、苦情解決第三者委員といった個別の活動をするだけでは施設の子ども達の人権救済には不足すると知ったからであろう。施設の子どもの人権を保障するには、弁護士の活動だけで足りるものではなく、現場にいる施設職員がまずは自身の養育実践の中での人権侵害の可能性に思い至ること、その改善について自発的に考え実行していくことが何よりも必要である。

また、個別の施設職員の実践、頑張りだけでは解決がつかない課題、たとえば、職員配置の問題や、法規定の不備は、予算獲得や法改正を志向するといった、社会に課題を投げかけ、世論を喚起していくことも必要である。会は、このような問題についても、施設職員のみならず多彩な背景の参加者がいる中で、知恵を出しあったり、問題提起の糸口を見つける場ともなっている。

このように見ていくと、会は、施設職員に対するエンパワメントの場となると同時に、施設の中や里親家庭で暮らす子ども達の諸課題について参加者が考えを深めるだけでなく、社会的関心を喚起し、制度全般の改善につなげる活動を生み出す源泉、プラットフォームとなっているといえる。

今後に向けて

児童福祉法や児童虐待防止法の相次ぐ改正、新しい社会的養育ビジョンの公表とその反響等、児童養護施設入所児童をはじめとする、代替的養育の場にいる子どもを取り巻く環境は変わり続けている。一方で、施設の子ども達に対する権利侵害や、代替的養育の場にいる子ども達の声が聞かれていない状況はいまだ多数存在し、子どもの権利保障を実現するには、さまざまな立場の人が意見を交換し、それぞれの立場から実践をするとともに、法改正が必要な事項等については、それに向けた世論喚起をしていく必要がある。

性質上会として表立った活動はしておらず、目立つ存在ではないこの会は、本来は子ども達の権利保障が確立すれば終了となるが、残念ながら会の役割は終わっていない。

2 「施設内人権を考える会」と私

関貴教（児童養護施設職員）

邂逅

私が施設内人権を考える会と出会ったのは二〇〇一（平成一三）年のことであった。私はこのとき、児童養護施設で勤務して半年が経過していた。当時の児童養護施設は、職員から子どもへの体罰や暴言、子ども同士の暴力や脅し・嫌がらせ・盗難、子どもから職員への暴力や嫌がらせ、職員から職員への長時間の説教や超過勤務の強要といった問題を抱えており、子どもは安心して生活ができず、職員が常に辞めていくといった状況であった。そんなとき、知人からこの会を紹介され、藁をも掴む思いで地方から東京まで、鈍行列車で参加した。

平湯弁護士が中央に座り、会の約束事をみんなで確認することから始まった。会での発言は無許可でほかに漏らさないこと、個別の案件について戦略を練る場ではないこと、などいくつかの約束が確認された。自己紹介したときのことは今でも覚えている。「どうしてこの会に参加したのですか？」との平湯弁護士からの問いかけに、施設の現状と自分はこうしたいと思っているという思いのたけを話した。三〇分ほど自己紹介をし、「施設内での状況に慣れてくると自分の感覚が間違っているのではと思えてきます」とそんな感覚を確認するかのように、自分の思いを話した。平湯弁護士は「関さんの感覚は間違っていませんよ」「関さんのような職員が施設にいることが子どもたちにとって救いになっていますよ」と話してくれた。この会には平湯弁護士のほかにもたくさんの弁護士、施設職員、ジャーナリスト、里親、大学の教員などいわゆる有識者が参加していた。この会との出会いは自分にとって迷いを晴らし、進むべき道を示してくれた出来事であった。施設に従いただ働くのではなく、自分で考えて子どものために正しいことをしていく。子どもの人権が守られていない状況の中で、ルールに従うのではなく、そのルールが間違っているのであれば、みずからソーシャルアクションを起してルールを変えていく職員になろうと思った。

衝撃

二カ月に一回開催されるこの会に参加するために地方から出てくるにはそれなりに、費用も時間もかかる。それでも自分の心の充電のために、毎回参加した。実に一五年以上この会に参加し、休んだのはインフルエンザにかかった一回のみであることから、この会が自分にとってどれほど重要だったかがわかる。子どもへの権利侵害に関して、具体的にどの法令に違反しているかなどの法律的解釈も学習できた。施設職員の先輩からはそもそも児童養護施設という場所は権利侵害が起きやすい環境で、そうならないための組織づくりを学んだ。施設で育った経験のある方たちからは施設で育つことの理不尽さ、施設で長期間暮らすこと自体が権利侵害なんだと突きつけられ、自分の認識の甘さや職員としての姿勢を問いただされた。施設職員はよく勉強しないと言われますが、子どもの権利条約の中身もよく知らず、子どものためになる制度や情報を得ようとしない当時の自分は本当に無知だったと思う。

平湯弁護士

この会は多職種の方たちが社会的養護の子どもたちの人権というテーマで話し合い、知識を共有できる素晴らしい会である。子どもに対して「権利を主張するなら義務を果たせ」「気に入らないなら施設を出て行け」「施設や施設職員に感謝しろ」といった考えが蔓延していた施設業界において、権利の主体は子どもであるという認識に自分をリセットする必須な機会であった。二一時までは真剣にそれぞれのテーマについて話し合い、意見を言い合う。そのあとは居酒屋で会では話せないような内容をさらに深めて言い合う。自分はそこからさらに始発までつき合ってもらう。そんなこともたくさんあった。平湯弁護士の「関さん、また頑張ってくださいね」の言葉や「自分で選べない施設で、子どもの権利侵害など絶対にあってはならない」と話す平湯弁護士の表情がどれほど自分の後押しになったか計り知れない。

二〇一一（平成二三）年三月一一日、東日本大震災で被災した私たちに平湯弁護士は寄付をしてくれた。被災直後はテレビも映らず、子どもたちと本を読んだり、カードゲームをしたり、お喋りをしたことから、その寄付でリビングに大きな本棚と子どもが好きな本を数十冊購入した。今では漫画や参考書、大学のパンフレットまで子どもに必要なものがたくさん詰まったリビングの中心にある必要不可欠な本棚になっている。

施設内人権を考える会について、この文章を書きながら思い返してみると、今の自分にとって大きな影響を与えていることを痛感する。平湯弁護士は、子どもに関わる人のすべては、子どもの権利を守るために必死にならなくてはならないという姿勢を貫き、その熱意を語るときの表情や喋り方はこちらの胸を熱くする。一方で、子どもに関わっている人たちへの尊敬の念や労いの言葉を暖かくかけ続けてくれた。熱意と包容力、子どもに対する揺るぎない温かな眼差しは忘れることができない。この平湯弁護士の思いが施設内人権を考える会をまとめ、継続させてきた。私たちは通称で「平湯勉強会」と呼んでいたが、平湯弁護士はそう呼ぶと決まって真剣に否定し、「そう呼ばないでください」と言っていた。あくまで「施設内人権を考える会」なのだと。

つないでいく

施設で暮らす子どもたちの、社会的養護の下で暮らす子どもたちの人権は守られているであろうか。社会的養育は注目されはじめてきたが、施設で長期間暮らす子どもたちはまだ多く、家庭養育優先の原則は守られていない。施設は小規模化してきたといっても施設によってさまざまで、二〇人以上の子どもが同じスペースで生活する施設も少なくない。そのような状況下では児童間暴力が横行している。職員の勤続年数も施設によってさまざまで、経験の少ない職員が多数を占めるなど、施設によっての格差は多くある。それにもかかわらず子どもは施設を選べず、里親委託も推進しない現状では社会的養育の子どもたちが人権を守られているとはいえない。私も児童養護施設で働いて二〇年が過ぎた。なぜ、家庭で暮らせない子どもたちの人権が守られないのか。平湯弁護士が尽力してきた問題を受け継ぎ、子どもに関わるすべての大人が子どもの権利についてしっかりと理解するための活動、そして権利侵害は許さないという姿勢を貫いていくことが、自分の使命だと思っている。

最期に余談だが、今自分は結婚し、子どもにも恵まれた。そして、施設を出た子どもたちに自宅を提供している。養育里親にも登録した。会に出会ったあの頃に思い描いていた子どもたちへの思いを実現できる環境になってきたのではないであろうか。平湯弁護士はじめ、施設内人権を考える会で出会った人たちすべてに感謝し、これからの実践で恩返しをしていくつもりである。

3 人材を育てる施設運営

黒田邦夫（愛恵会乳児院施設長）

はじめに

いわゆる「ダメ施設のダメパターン」に、外部研修に職員を出さないということがある。これは、その施設のやり方を変えようとする意見を排除することとセットである。改善は現状の否定でもあることから改善提案は否定され、変えようとする人は排除される。だから、やる気のある者ほど辞め、追従する者ばかりが残るので、旧態依然とした施設を維持する力が強まる。そのような運営が、子どもへの不適切な関りや権利侵害を生じる土壌となっていく。

たくさんの施設の職員や施設長から施設の運営や養護の改善の相談をされてきたこと、混乱した施設に着任して運営改革に取り組んだこと等から、気がついたことがある。

二つの運営形態

職員の多くが施設長への信頼をなくし退職の多い施設に共通する特徴は、ほとんどのことを上で決めるという上意下達の運営と情報を少数の人が独占する秘密主義である。言い換えれば、「管理運営の不透明さ」の問題である。

情報が共有されていないことは、施設がどのような状況に置かれているのかがわからないということである。施設の方向性や重要方針を秘密にしていては、職員は、なんのために何をするべきなのか、どこへ向かって努力をしたら良いのかがわからずに、組織は迷走して混乱する。職員を不安にして疑心暗鬼にさせるよりも、情報を共有して決定の経過を透明化して安心して働けるようにしたほうが、良い仕事が行える環境整備になる。

職員は、決定のプロセスに参加することで、運営の一翼を担うことになる。それにより、〝やらされている仕事〟から〝自分たちで作っていく仕事〟になる。また、職場づくりの主体になることで、みずから考え、判断し、実践して検証することの全過程がＯＪＴになる。「上意下達」と「秘密主義」による運営は、職員定着性の向上と人材育成を阻害する。

職員の大量退職が起きる施設には、共通した運営上の〝悪循環〟が見られる。

ピラミッド型組織によるコントロール型の施設運営では、意思伝達は指示命令による一方通行が基本となり、運営は管理統制的、目的は成果の達成が原則となる。施設運営は、意思決定は権威的（決める人とやる人が別）、機能分業型の縦割り組織、上下関係による職務の実施となる。そのことから、職員の意識は、指示待ち（＝考えない・判断しない）、自分の仕事でも問題があれば指示を出した上の責任、上に責められる不安から余計なことをしない（＝総意工夫をしない）となる。「職員の意識」「モチベーションの低下」「管理強化」が連動して悪循環を起こし退職が止まらなくなる。ピラミッド型組織による統制型の施設運営が、養護実践に強く影響をすると、規則と罰による管理的養護、一律強制・画一的な生活、対決型の関わりから子どもの自主性が育たない。そして、構造的に子どもへの不適切な関わり、権利侵害が常態化しやすくなる。

職員の定着性の高い施設には、共通した運営上の〝好循環〟が見られる。

ネットワーク型組織によるコミュニティ型の施設運営では、コミュニケーション重視、情報共有（＝話し合いの前提）、職場（チーム）の活性化、職員に求められるのは発想力や洞察力が基本となる。施設運営は、話し合いでの合意形成（公平性が基礎）、自発性、創造性による仕事（個の活性化）、共通方針による協働、実践を通じた共通基盤の形成となる。そのことから職員の意識は、自律性や自発性が高まる、総意工夫や提案が活発化する、安心感を持って働ける、職員間の関係性や連携による仕事となる。「職員の意識」「モチベーションの向上」「職員が互いを認め合う」が連動して好循環が起き、職員の定着性は向上する。ネットワーク型組織によるコミュニティ型の施設運営が養護実践に反映すると、子どもの意見が反映される生活、多様な実践の展開、子どもに自主性や自発性を求める、子どもの職員への信頼感が形成される状況になっていく。

ネットワーク型組織運営の〝好循環〟とピラミッド型組織運営の〝悪循環〟は、組織構造が組織の原理原則に則るように施設長、職員に作用して起きる。

不安を放置すると不満となりやがて不信になる

若い職員に、「どんなこと、どんなときに安心感を、感じるものなのか」を聞いてみた。

自分が悩んだとき、つまずいたとき、失敗したときに、一緒に考え、一緒に解決に向かおうとしてくれる職員がいること‼　納得がいくまで話し合うため、みんなが同じ方向性で子どもの対応ができること‼

私が安心を感じるとき、細かいことでも「相談できる同僚がいる」と思えること、方法や考え方が多少違っても元になる方向は同じであると感じられるとき、みんなの意見で運営が成立していること、若くても経験や知識が少なくても、分け隔てなく意見を聞いてもらえること。

些細なことで話かけてもらえる（見ていてもらえている安心感）、話せる、運営に参加できる、情報が入ることだと、今は思います！

くり返し行われる仕事は、仕組み化・パターン化・合理化する

共通点は、「どんなことでも話し合える」「同じ方向で子どもに臨める」である。職員集団の中で、仲間に支えられ仲間と思いを共有することで、職員は成長していくのである。

若い職員の不安を緩和するには、ケア単位での共通の実践方針（実践方法）を担当者で話し合って決めること、担当者会を毎週定期的に開くことが基本である。共通の取組みであれば、日々、文句を言われる心配なく安心して取り組める。また、判断に困ることがあっても、毎週の会議で解決することで、不安を引きずって仕事をしなくてよくなる。若い職員の不安を放置

せずに、軽減のためにできることからやるべきである。職員の不安を放置すると不満となり、不満はやがて不信や恨みになって施設批判になる。

働きやすいということは、守られているという安心感が土台にあってのことなのだ。この話を里親にしたら、「里親も同じだ」と言っていた。困っていたら放っておかない、助ける、話しを聞くという当たり前のことが、安心して働ける環境の土台なのである。

保育士・指導員の日常の職務の多くは、家事や用務、記録、連絡といったルーチンワークである。ルーチンワークが非効率的だと、子どもの力をどのように伸ばすのか、チームのメンバーの力をどのように発揮してもらうのか、といった考える仕事が滞り、養護の創意工夫ができないまま時間ばかりが過ぎていく。

家事や用務、記録・連絡といったルーチンワークは、日々繰り返し行われることだからパターン化でき進行管理ができる。これらのことは、システム化したり、仕組み化していくことが可能なわけである。

仕組み化できない仕事というのは、子どものモチベーションを上げていく、職員の能力を高めるという人間対人間の部分である。児童養護の仕事で最も面白いのは、この仕組み化できない、パターン化できない仕事である。だから、ルーチンワークで時間を費やし疲れ果てるのは、非常にもったいなくつまらない働き方である。くり返し行われる仕事（日常業務・会議の準備等）

は、なるべく早く手を打って仕組み化・パターン化、合理化した方が良いのである。できるだけ多くの時間を、養護の内容の改善や職員の力量アップなど、未来のために時間を使うようにするべきである。

会議を行う際には、まず資料・情報を共有して、その上で提案を求めないと良い提案は出にくい。準備された会議の大切な用件の一つは、資料・情報を事前に準備し、配布することである。会議が始まってから報告や資料を読むのに時間をかけていたのでは、認識も知識もバラバラで、その場しのぎの場当たり的な意見になったりする。会議の資料は事前にできているのだから事前に配布するなど情報を伝えること、個々人は隙間時間に目を通すことなどして、情報を事前に共有しておけば未来に向けた議論の時間が増える。

やっていて面白くない、非効率的な会議は、報告やお知らせだけの会議である。報告やお知らせならば、日誌を見ればわかる。会議は、本来、何かを創り出すため、意思決定をするため、たくさんの選択肢からどれを選ぶのかなど、未来を創っていくための議論をする場でなければ、やっていておもしろくない。

実際に集まって行う会議のメリットは、直接顔を会わせて話し合えるため、気分感情を含め丁寧な意見交換ができることである。出される悩みや困り事は似たような問題がたくさんあり、それへの対応策やアドバイスを蓄積し文書にしておけば、未来の仲間や他部署の職員は同じような問題にぶち当たったときにはそれを参考にすれば良いのである。仕事で起きる悩みやトラブルは、だいたい似たようなパターンだから、それに対する解決方法は、どんどん貯めて有効活用できる状況にするのが望ましい。実践を文書にまとめること（＝総括方針や実践記録のまとめ）は、実践の教訓（＝有効な方法）のストックを増やすことでもある。

手抜きをせずに段取りをとる

担当者会議は原則として毎週行うことが必要である。担当グループとしての共通方針をもとに、役割の割り振りを行い連携して取組みを進める。この役割の割り振りを行い連携して取り組むこと、段取りをとって仕事をしなければ、職員間に取組みの齟齬が生じて、それぞれの努力が報われなくなり不信感や不満が広がることもある。

「総括方針」に取り組み、定期的に会議がもたれる運営環境では、担当者が会議を開いて方針を決め、その実施のための役割分担をして取り組むという、進め方の枠組みが当たり前のことになる。

たとえば、緊急一時保護の依頼があった場合は、原則として一時間以内に返事をするようにしている。「児童相談所から連絡を受けたら、受け入れ可能なホームの職員を招集し、受け入れホームを決めて児童相談所に返事をする」という進め方の枠組みができているから、その場にいる職員ですぐに対応ができる。このようにして進められたことに対して、不平不満が出ることはない。

行事を行う場合、スタッフの人数を出し、テーマづくりなどの課題を列挙して内容を確認、担当者の割り振りをする。「誰に」「何を」「こういう内容でやる」ということを割り振ると、「誰が何をしなければならないか」ということが全員にわかる。また、役割を振られた側も、「全体ではこういうことが行われていて、自分はどの部分をやっているのか」がわかる。そうすると全体像がわからないので仕事がやりにくい、自分の仕事の意味がわからないということがなくなるはずである。経験も考え方も違う人間が、一緒に仕事する上では、このような進め方が必要である。

役割分担をしたら、スケジュールを決める。仕事の仕組み化とスケジュール化によって、自分はどのタイミングで何をやらなければならないのかを、それぞれが全体を見渡して俯瞰することも可能になる。全体を俯瞰することで、仕事の連動性が見え、ゴールから逆算してスケジュールを作ることができる。進捗確認もシステム化して、作業を一覧表にしておいて、個々が「ここまでできています」と入れるようにしておけば、仕事の進捗状況をチェックすることも容易になる。

「話し合いを持ち、集団的に方針を立て、段取りをとってから取り組み始める」、それをやらないことでの消耗やロスを考えると、手抜きをせずに会議を行い、段取りを決めること、定期的に会議を開催して調整すること、こうした進め方の枠組みを当たり前にすることが大事なのだ。

日々、取り組まれている実践を教訓にして、ノウハウとして蓄積をすることは、施設にとって重要な課題である。新しく加わった職員には、寮の先輩職員が「こうしたらいいよ」ということは教えるのだが、口頭で説明をすると抜けもあり、内容の偏りも出る。だから、みんなが偏らない情報を共有するには、文書にした共通のノウハウがあって可能になる。個人やグループが所有する知識や各部署に蓄積されたノウハウを、組織全体で共有して活用する仕組みや運営方法の確立が、施設を活性化し人材を育てる基盤である。また、〝ノウハウの共有化〟の仕組みは、施設全体の仕事の効率化を促進する機能でもある。

おわりに

人材育成の取組みと言えば、研修と言われることが一般的である。実際には、研修だけで成長できるとは多くの職員は思っていない。人材育成は、施設運営の全過程を通じて行われるO

ＪＴによってなされるのであって、研修はその一部にすぎない。施設の文化・風土そして職員集団が、職員を育てるのである。職員が育つ（＝施設力を向上し続ける）施設が、子どもを健やかに育てることができるのである。

COLUMN 2

フォーラム「東京に避難してきた子どもたちを支える」参加報告

*「CAPニューズ」八〇号(二〇一一年)より加筆のうえ掲載

去る八月七日(二〇一一年)、「東京に避難してきた子どもたちを支える」フォーラムが開催されました。

着のみ着のままの県外避難(生活場所が九カ所目という方も)で、大型避難所からアパートなどに移れても、炊事洗濯の道具もない、強制退去以外は「勝手に避難して」と同県人の中でも冷たく見られ、子どもは東京の学校で放射能のことでいじめられ、親は子どものために避難してきたのに申請に駆け回ったりで子どもの話を聞くことができない等、経済的精神的な苦悩を吐露されました。「ふつうの生活がしたい」という叫びが強く印象に残りました。

学習支援団体の被災地元での活動と東京の避難先での支援活動、スクールカウンセラーの活動、「なくそう! 子どもの貧困」全国ネットワークの活動も紹介され、最後に、「東京に避難してきた子どもたちおよびその養育者のために、心理や福祉の専門家によって構成され、子どもたちや養育者が気楽に立ち寄れる公的な支援センターを創設することを求めます」との集会宣言が確認されました。

このようなフォーラムでの収穫等を踏まえて、子どもの虐待防止センターとしても、避難当事者(特に保護者)に対して何ができるか、話合いをしています。

まず、子どもにかかわる当初の課題は、①危機下での子どもの安全がはかられているか、保護者を失った子どもがいないか、ということでした。次いで、②避難生活の中で大人の都合が優先され、子どもの生活欲求や感情が押さえつけられていないか、③トラウマ体験を軽減するための信頼できる大人との関係が保障されているか等が気がかりになってきました。

これらは、子どもへのケア態勢の問題であり、またそれに関する保護者へのアドバイスやケアの問題であろうと思います。重要なことは、保護者たちは子どもを守るために大変な苦労をして、現在に至っているのだ、ということです。私たちとしては、保護者たちから、その大変な体験を聞いて学び胸に刻むこと、その中で「あなたたちのことは忘れません」というメッセージを送ることで信頼関係が作ることができれば、そこで私たちが相談相手になれるのだろう、と思います。

第 4 章

「子ども福祉弁護士」に求められるもの

川松亮氏が、これまでの子ども福祉政策の流れ、現在の課題をまとめてくださった。それを受けて、「『子ども福祉弁護士』の活躍を願って」を掲載した。子どもから学び、その気持ちに寄り添う大人が求められている。子ども福祉に携わる人間は、そのような大人として子どもの幸福のために活躍してほしい。

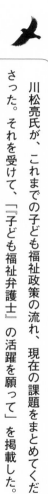

1 子ども福祉における子どもの権利保障の現在

川松亮（明星大学人文学部福祉実践学科常勤教授）

はじめに

平湯弁護士と私が出会ったのは、児童福祉法研究会の席であった。もう二〇年以上前のことである。教育と福祉のはざまに落ち込んで権利を侵害されている子どもの問題に取り組み、現場職員と研究者とが一緒になって考え合うこの研究会に、裁判官を退任された平湯弁護士が毎回出席されていた。静かで穏やかな表情と口調でありながら、鋭い論点で議論に切り込まれていたことを覚えている。

その後の日本の子ども福祉の歴史は、平湯弁護士が子どもの権利保障を目指して歩まれたその足跡とほぼ重なっていると思う。くしくも本年（執筆時、二〇一九年）は、国連子どもの権利条約制定三〇周年、そして日本政府が同条約に批准して二五周年という記念すべき年である。その年に、日本の子ども福祉における子どもの権利保障の進展を振り返り、残された課題を考えることは、これからの方向性を考える上で意義のあることと思われる。本稿では、平湯弁護士に導かれながら進んできた子どもの権利保障の今昔をたどってみたいと考える。

社会的養護における子どもの権利擁護

子どもの権利条約を日本政府が批准した一九九四（平成六）年当時、私は児童養護施設に勤務していた。当時の様子を思い起こすと、現場職員の中に子どもの権利条約の理念がすぐに浸透していくという状況にはなかったと思う。当時は児童養護施設の入所児童が減少している時期であり、一方で中高生年代の入所児童数が増加して、その対応に苦慮していたことを記憶している。子どもと職員の葛藤の中で、権利擁護をわがままの助長と認識して、それよりもみずからの義務を自覚することを求めるような空気がなかったとはいえない。

そうした考え方に対して、子どもにとっての「権利」と「義務」を引き換えや取引として認識するのではなく、子どもの「権利」をあくまでも保障したうえで、お互いの権利の衝突を調整するためには権利主張に「責任」が伴うことを伝えていくべきではないかと議論していた。先進的な施設や自治体での、施設運営への子どもの参画の実践や、施設養護における「ケア基準」の作成など、子どもを中心に置いた養護の取組みが展開されていた時期でもあったと思う。

その後、社会的養護関係施設に入所する子どもへの「権利ノート」作成の取組みが、大阪府（一九九五〔平成七〕年）をトップランナーとして始まり、全国へと浸透して行った。その動きと時節を同じくして発生したのが、施設長らによる悪質な体罰や子どもへの抑圧が問題となった恩寵園事件（一九九六〔平成八〕年）である。多くの施設職員が子どもの養護に懸命に取り組んでいた中で発生したこの事件は、関係者に衝撃をもって受け止められ、事件の解明と克服への長い道のりが始まる。平湯弁護士にとっては、問題意識の原点となった事件だったことと思う。

施設における不適切養育は、しかしその後も後を絶たない。つらい環境を何とか生き延びてきた子どもが、安心を得られるはずの施設で受ける権利侵害は、子どもにとって大人や社会への根本的な信頼を失うことにつながる、あってはならないことである。ただ、そうした不適切養育が起こる背景にはさまざまな要素が潜在していることにも気づくこととなり、職員を責めるだけでは問題は解決せず、施設職員とともに施設養護を改善する取組みが求められることが認識されるようになった。平湯弁護士はその先頭に立ってこられたとも言え、みずから施設養護の応援団を自認されていたと記憶している。

施設養護における権利侵害については、二〇〇八（平成二〇）年の児童福祉法改正で、被措置児童等虐待対応が法制度化され、二〇〇九（平成二一）年に厚生労働省から「被措置児童等虐待対応ガイドライン」が発出された。しかしそれで問題が解消したわけではなく、現在も続く課題としていまだに残されている。施設養護における権利侵害の実情と背景を分析して、さらなる有効な方策を構築していくことが引き続き求められている。そのために、社会的養護における人員配置のさらなる増加や働きやすい職場づくりも合わせて重要であることを指摘しておきたい。

さて、子どもからの訴えに耳を傾け、子どもの声を社会的養護の取組みに反映していくための施策は、ほかにもさまざまな展開を見せてきた。たとえば、「苦情受付制度」の導入、「施設オンブズパーソン」の設置、「施設の第三者評価」の義務化などがあげられるだろう。しかし、こうした施策が実際に有効に機能しているのかどうかを点検することも必要である。先に触れた「子どもの権利ノート」にしてもそうだが、十分な説明とともに手渡されているのか、施設入所後に手元に置いて活用することがなされているのか、子どもたちがみずからの権利について認識を深めることができているのかなど、実態を把握して検証することが必要だと思う。

子どもの声を聴くということは、大人側の姿勢が問われる課題である。子どもが本当に声を上げてよいと思えなければ実効性がないし、声を安心して届ける仕組みになっていなければ、子どもはそのこと自体を諦めてしまうだろう。子どもの権利擁護のとりくみが実質的に機能する仕組みになっているかどうかが問題である。そのためには、日頃から子どもと職員が対話し信頼関係をつくっていくことも大切であり、その上でオンブズパーソンといった存在が身近に感じられるような施設運営がなされなければならないだろう。

現在、社会的養護関係施設の小規模化が進められている。個々の子どもに応じた丁寧な支援をすることや、地域での当たり前の生活体験を積む上で、地域分散化した小規模での暮らしは有効であろう。しかし一方で、小規模ユニットを運営する職員には高い資質が求められる、人間関係の密度が濃くなる中で、不適切な養育が行われる可能性もある。孤立しがちな職員への応援体制が必要であり、複数の職員が絶えず子どもと向かい合えるような職員配置も求められる。小規模化された施設運営の中で、子どもの権利を保障した養護を行えるように、体制の整備と運営の向上が求められていると言えよう。

また、施設養護における子ども間の暴力が大きな課題として取り上げられるようになった。入所以前の生活の中で多くの課題を背負い込まされてきた子どもたちが、施設養護という環境の中で安心して生活し、傷をいやしながら、他の子どもたちとともに前向きな人生を描けるように、関係機関が協働して対応していかなければならない課題である。

子ども虐待対応の進展

平湯弁護士の活動は多岐にわたるが、その中心の一つが子ども虐待対応であり、対応の中核となる児童相談所への支援であったと思う。弁護士会の子どもの権利委員会や日本子ども虐待防止学会（前身である日本子どもの虐待防止研究会）制度検討委員会での活動、東京における子どもの虐待防止センターの運営や東京都児童相談所非常勤弁護士としての取組みなどを通して、虐待対応の制度設計や支援体制の構築に深く関与してこられた。ここでも平湯弁護士は、児童相談所の応援団を自認して取り組んでこられた。その知見の広さから、衆議院青少年問題に関する特別委員会では、児童虐待防止法制定や改正に向けた重要な節目で参考人として招致され、意見を述べられている。一九九九（平成一一）年の第一四五回国会、二〇〇三（平成一五）年の第一五六回国会、二〇〇七（平成一九）年の第一六六回国会などがそれである。

日本における子ども虐待対応は、一九九〇（平成二）年に厚生労働省が児童相談所における虐待対応件数を集計公表し始めた前後から、その取組みが開始された。一九九〇年には大阪で児童虐待防止協会が、一九九一（平成三）年には東京で子どもの虐待防止センターが設立され、電話相談を中心としながら、専門家と市民が協働した民間団体としての取組みが始まった。その後、民間団体の設立は全国に広がっていく。

一方で、行政機関としての児童相談所における子ども虐待対応体制の整備は、それに遅れて行われていった。一九九〇年代初めの児童相談所では、親権者の意向に対立して一時保護することにためらいが示されたり、介入的な対応方法になじめないといった傾向が見られたが、平湯弁護士を始めとした法律家の方などと協働した検討や、相次ぐ児童虐待死亡事例を受けた見直しの中で、取組みの強化を否応なく求められることとなった。一九九七（平成九）年に厚生省（当時）から発出された「児童虐待等に関する児童福祉法の適切な運用について」（一九九七年六月二〇日付厚生省児童家庭局長通知）はその画期となったものである。一時保護や立入調査等の児童福祉法上の権限を適切に行使することが、児童相談所には求められることとなった。

こののち二〇〇〇（平成一二）年五月一七日に「児童虐待の防止等に関する法律」（以下、児童虐待防止法）が議員立法で成立し、日本の子ども虐待対応体制の法的枠組みが示された。これに先立つ一九九九（平成一一）年の衆議院青少年問題に関する特別委員会での平湯弁護士の意見陳述は、その後の虐待対応体制を考える上で、基本的な観点が幅広く提示されており、いまだに実現されていないものも含まれていてその先見性に驚かされる。▼1

ここでの平湯弁護士の発言は、要約すると以下の七点に触れている。

① 通報制度。子どもに接して虐待を発見しやすい立場の人が通報を躊躇する事態を変えること。

② 立入調査権の整備。鍵を開けても立ち入れることを場合を限定して可能とすること。

③ 緊急分離としての一時保護に期限を設け、事後的に家庭裁判所の許可を必要とすべきこと。

④ 長期分離としての施設入所や里親委託にも期限を設け、家庭裁判所の判断で更新すべきこと。また、親権停止の制度が必要であること。

⑤ 親へのカウンセリングや治療を促すための制度が必要であること。

⑥ ケースワーカーやカウンセラーの養成、資格の整備が必要であること。

⑦ 親権の喪失や停止、親へのカウンセリングや治療について、子ども自身にも家庭裁判所

▼1 第一四五回国会衆議院青少年問題に関する特別委員会会議録（一九九九年七月二一日）。

への申立権を認めること。

この七点である。

そして注目すべきことに、以上のほかに基本理念として、「親といえども子どもを思うままに支配する権利があるわけではないということを社会的に明らかにする改正」を求めている。しかしこれは、「親を敵視」するのではなく「親子、家族が共同で生活する権利を前提として、その中で親の養育責任と子どもの成長発達権を尊重すること、そのために、社会が親の養育を一定の場合に批判し、介入できることを明確にするためのものである」ことを強調している。子ども虐待対応は、保護者を責めることが目的ではなく、子どもの成長発達にとって悪影響を及ぼさない方法を、保護者とともに一緒に考え改善を求めていく取組みであろう。平湯弁護士の指摘された視点は、子ども虐待対応の基本的な姿勢として、実に大切な観点ではないだろうか。平湯弁護士の温かさも感じさせられ、感銘を禁じえない。

そしてこの点に関連して、体罰と虐待との関係が絶えず問題とされてきたのだが、二〇一九（令和元）年の児童虐待防止法改正で「児童のしつけに際して、体罰を加えること」をしてはならないという規定が加えられたことは、長い年数はかかったものの、画期的な前進となったと考える。ただ、まだ民法に懲戒権が残っている。二〇一九年児童福祉法改正では付則として、この法律の施行後二年を目途として、懲戒権のあり方について検討を加え、必要があると認めるときは、その結果に基づいて必要な措置を講ずるものとすると規定された。今後の懲戒権削除に向けた検討が進むことを心から願いたい。

さて、先述の七点がその後にどういう推移をたどったか振り返ってみたい。まず①は、二〇〇〇年制定の児童虐待防止法の中で、「児童の福祉に職務上関係のある者」の早期発見の努力義務（児童虐待防止法第五条）や国民の通告義務（同法第六条）として盛り込まれ、二〇〇四（平成一六）年の同法改正では「児童虐待を受けたと思われる児童を発見した者は」（傍点筆者）通告する義務があるとされて、疑いの段階からの通告の促進が図られた。また②は、二〇〇七年の児童虐待防止法改正で、臨検・捜索に向けて段階を追って対応する制度の整備につながった。同年の法改正の過程でも平湯弁護士を中心とした法改正への働きかけが活発になされていた。

一方、③についてであるが、日本の虐待対応制度に司法が関与する体制整備を求める意見が多いものの、その後に導入された制度は限定的で、いまだに大きな課題として残されている。裁判所側との検討の場にも平湯弁護士の姿はあったが、いまだに道半ばであり、さらなる制度構築に向けて進んでいく必要がある。一時保護や法的対応をめぐり、保護者と児童相談所との対立関係が膠着して、継続的な支援関係に移行できにくい状況を変えるためには、裁判所という第三者が介入して、二項対立関係を変えていくことが是非とも必要であると考える。子どもと家族の権利を保障する上でも司法の関与がさらに進められる必要がある。

④も同様に進んでいない。若干進んだ点としては、二〇〇四年児童福祉法改正で、児童福祉法第二八条の更新制度が入ったことや、二〇一八（平成三〇）年児童福祉法改正で、二カ月を超えて一時保護をする際に、そのことに保護者が同意していない場合、家庭裁判所の審判を仰ぐ制度が導入されたことがあげられるだろう。なお、親権停止の制度については、二〇一一（平成二三）年の民法・児童福祉法改正により実現することとなった。⑤も同様に課題として残されている。アメリカのカウンセリング受講命令のように、裁判所から保護者に一定の指導を行う制度の導入を求める要望は強い。これも二〇一八年児童福祉法改正で部分的な導入が図られたが、運用はまだ課題となっており、引き続きこうした制度のメリットを検討して制度構築を図っていくことが必要である。

⑥は平湯弁護士が声を強めて主張してこられた点である。児童相談所の虐待対応件数が増大する中で、児童福祉司一人当たりの持ちケース数が増加し、十分な対応ができにくくなっていることは広く認識されている。また、初期対応に追われて継続的な支援を行うことが難しくなっており、児童相談所が十分な支援を行うという点でも課題を抱えている。児童相談所は本来、子どもと家族を支援してきた機関であり、その支援的ソーシャルワーク力が維持できるかどう

かの危機に瀕していると筆者は感じている。

欧米と比較して圧倒的に少ない児童相談所の人員の配置増や職員の専門性の向上は、絶えず喫緊の課題とされてきた。それに対して、児童相談所の体制整備が近年少しずつではあるが進められて来ている。とりわけ二〇一六（平成二八）年四月に厚生労働省から出された「児童相談所強化プラン」、目黒区虐待死亡事例を受けた後の二〇一八年一二月の新プランにより、大幅な人員増が図られようとしている。このことは肯定的に評価できる一方で、児童相談所が未経験の職員を抱えることとなり、経験年数の多い職員が必ずしも多くない中で、新しい職員をどう養成していくかが新たな課題として立ち上がっている。児童相談所職員は、職場内での先輩からの助言や学びといったＯＪＴによって鍛えられ育っていく。児童相談所内での職員育成が効果的に進められるような体制構築が求められている。
⑦については、親権喪失や親権停止に対する子ども自身の申立てが二〇一一年の民法改正で実現した。しかし子どもの負担が少ないように、児童相談所や裁判所、あるいは弁護士や民間支援団体が子どもを支え、二次被害を防ぎながら子どもの思いが尊重されるように、仕組みを引き続き検討することが必要であろう。これは子どもが保護者を訴える場合の取組みにも通じる。今後は子どもにも代理人がついて、子どもの代弁をできる制度が構築される必要があると考える。また、子どもが意見を表明したり希望を述べることができ、それが尊重される仕組み

の整備もこれからの課題である。子どもの権利が十分に保障される制度の構築に向けて検討を続けなければならない。

子ども虐待対応に関しては、これらのほかにも課題は多数残されている。保護者への支援のあり方の検討やカウンセリング・ペアレントトレーニング等の拡充普及、子どもへの心理的ケアの拡充、被害確認面接における警察や検察との協働体制の整備、市区町村と児童相談所との事例担当区分の整理や子ども虐待対応の二層制の整理、初期対応機能と支援機能の組織的な整理、支援方針策定への子どもと家族の参画など、数々の実践的検討課題がある。支援現場を中心とした関係者との協働により、衆知を集めて前進させていかなければならない。

子どもの貧困問題への取組み

平湯弁護士が近年熱心に取り組まれていたのが、子どもの貧困問題解決のための活動である。二〇一〇（平成二二）年には、「なくそう！　子どもの貧困」全国ネットワークが設立され、筆者は平湯弁護士とともにその世話人を担ってきた。平湯弁護士はネットワークの活動の理論的な主柱として、幅広い市民へ伝えることと子どもの貧困対策のための法制定に向けて心を砕いてこられた。二〇一三（平成二五）年六月「子どもの貧困対策の推進に関する法律」（以下、子どもの貧困対策法）の制定に結実し、二〇一九年六月には、「子供の貧困対策大綱」（二〇一四〔平成二六〕年八月）の五年後見直しの過程で同法の改正が行われた。改正の経過では、同全国ネットワークと公益財団法人あすのばとが協働して、院内集会の開催や要望書をまとめるなどし、民間側からの要望がかなり取り入れられた改正となった。

子どもの貧困問題に社会が着目し始めたのは二〇〇八年のことである。この年は「子どもの貧困発見元年」とも呼ばれ、子どもの貧困をタイトルに冠した書籍が相次いで発刊された。二〇〇八年というとリーマンショックが起こった年であり、その年の年末から開設された「年越し派遣村」も話題となり、格差拡大が大きな社会問題として取り上げられた年であった。

二〇〇九年には日本政府が初めて、相対的貧困率や子どもの貧困率を公表した。それによると子どもの貧困率は一五・七％であり、[2] 7人に一人の子どもが相対的貧困の状態にあるという実態が明らかになった。その後、三年ごとに子どもの貧困率が公表され、二〇一二（平成二四）年に一六・三％、二〇一五（平成二七）年には一三・九％という数値が示されている。先進国の中で、日本は子どもの貧困率が高い国として位置づけられ、とりわけひとり親家庭の貧困率については、最も高い国として際立っている。二〇一五年のひとり親家庭の貧困率は五〇・八％

▼2　厚生労働省「平成二一年国民生活基礎調査の概況」（平成二三年七月一二日）。

であったが、[3]その背景として、母子世帯における非正規雇用比率が高いことが特徴として指摘できる。また、日本における所得再配分機能の弱さが国際的に顕著であることも指摘されてきた。

こうした貧困状態は、子どもの健康、学力、進学、就職にまではっきりとした影響を及ぼすことがデータでも示され、そのことによって、子どもたちの選択肢や希望までが制約されることが問題とされている。このことは子どもたちの意欲や自己肯定感の低さにもつながる場合があり、こうした状態が固定化して世代を超えて連鎖しないよう、その悪循環を断つための取組みが重要になっている。

そのためには、現在の子どもが育つ家庭を支援し、生活基盤が確立されるように、各種の経済的な支援を拡充することが求められている。また、子どもと家族が地域社会に参加してさまざまな社会的・文化的体験をすることができるように、地域社会の支援環境整備も併せて必要となる。これらは、すべての子どもと家族が恩恵を受けられるように、普遍的な制度として整えられる必要がある。その上で、より困難を抱えている子ども（たとえば、海外にルーツがある子どもや病気あるいは障がいのある子ども、社会的養護のもとにいる子どもや若年で妊娠出産を迎え

▼3　厚生労働省「平成二八年国民生活基礎調査の概況」（平成二九年六月二七日）。

る女性など）に対して、特に手厚い施策が必要となっている。家庭にアウトリーチして家事育児を支援する取組みや子育て支援の拠点を充実させること、また子どもに直接支援を届ける子どもの居場所創りなどの取組みが広がるように、行政としても計画的な整備が求められている。こうした領域に十分な予算を投じることで、貧困の再生産の悪循環を断ち、未来への希望をもって育つことが可能となる環境が形成されていくことだろう。

筆者は子ども虐待と貧困問題の関連性に注目し、児童相談所現場から見た実情を報告した。[4]また、全国児童相談所長会が二〇〇八年に実施した虐待ケース分析の報告書をもとに、子ども虐待の背景に貧困問題をはじめとした複合的な困難が存在することや社会的な孤立が困難をさらに深めていることなどを指摘した。[5]一方、松本伊智郎氏らは北海道の児童相談所の虐待事例を基に、子ども虐待の背景として複合的な不利と社会的孤立が存在することを実証的に報告している。[6]子ども虐待を防止するためにも、貧困問題を中核とした家庭の複合的な困難を解消す

▼4　川松亮「児童相談所から見る子どもの虐待と貧困――虐待ハイリスク要因としての貧困」浅井春夫・松本伊智朗・湯澤直美編『子どもの貧困――子ども時代のしあわせ平等のために』（明石書店、二〇〇八年）。
▼5　川松亮「児童相談所から見る子ども虐待と貧困――虐待ハイリスク要因としての家庭の経済的困難」子どもの貧困白書編集委員会編『子どもの貧困白書』（明石書店、二〇〇九年）。川松亮「児童相談所から見た子どもの貧困と自治体の役割」公益財団法人荒川区自治総合研究所『子どもの未来を守る――子どもの貧困・社会的排除問題への荒川区の取り組み』（三省堂、二〇一一年）。
▼6　松本伊智朗「子ども虐待問題の基底としての貧困・複合的困難と社会的支援」子どもの虹情報研修センター紀要八号（二〇一〇年）。松本伊智朗編『子ども虐待と家族――「重なり合う不利」と社会的支援』（明石書店、二〇一三年）。

るとともに、地域での人間的なつながりを創り出すことが求められており、社会的な支援の充実と地域のネットワークによる支援の推進がなされなければならない。

ここ一〇年来の子どもの貧困対策を振り返ると、民間団体を中心とした無料学習支援や子ども食堂が大きく広がったことが評価できる。行政がそのバックアップに乗り出している自治体も多い。しかし、それらだけで子どもの貧困問題が解決するわけではない。まずは経済的な支援が必要であり、また子どもの貧困問題を生み出している要因の一つである非正規雇用という就労問題を解決することも求められる。これらの根本的な課題解決を図りながら、地域の支援を地道に展開していくことが引き続き求められていると言えよう。

二〇一九年六月の子どもの貧困対策法改正では、第二条基本理念に第一項が新設され、以下のように記された。すなわち、「子どもの貧困対策は、社会のあらゆる分野において、子どもの年齢及び発達の程度に応じて、その意見が尊重され、その最善の利益が優先して考慮され、子どもが心身ともに健やかに育成されることを旨として、推進されなければならない」とされたのである。児童福祉法とならび、この法律にも子どもの権利の考え方が盛り込まれたことは重要である。さらには、同条に第三項が新設され、「子どもの貧困対策は、子どもの貧困の背景に様々な社会的な要因があることを踏まえ、推進されなければならない」とも記された。貧困問題を個人の責任に帰す個人責任論が横行する中で、この問題は社会が生み出す社会的な課題であることが明記されたことの意味もまた大きい。さらに、本改正では、市区町村にも子どもの貧困対策の計画を策定する努力義務が課された。今後は身近な自治体での施策展開を図るため、その計画策定や検討の場に、困難を抱える子どもや家族・支援者といった関係者が参画できる体制の構築が進むことを望みたい。

なお、法改正でも実現できなかった点や残された課題も多い。たとえば、国の大綱には数値目標が示されていないが、今後の施策展開を図る上で、一定の数値目標を設定しながら検証し見直していくことが必要だと考える。また、施策のメニューが教育に偏っている面が否めない。みずから努力する者には支援があるが、意欲すら失っている者にとっては、なかなか支援が届きにくくなるという事態を懸念する。生活の支援、またその前提としての経済的支援がもっと前面に押し出される必要があると考える。そして、再分配機能の強化を図ることを望みたい。さらには、先述のような特別な支援が必要な子どもや若者を対象とした支援メニューを多様化することが必要になっていると考える。

居場所のない若者への支援

平湯弁護士が心を砕いてこられた課題にもう一つ触れておきたい。居場所のない若者への支援である。帰るところがない、家庭に居場所がない、地域に居場所がない子どもが、望まない形で被害にあったり加害の側に回ることがあり、弁護士の方はこうした子どもたちの支援に直面してこられた。

そうした中で生まれてきた取組みが、弁護士会のシェルター設置である。二〇〇四年、坪井節子弁護士を中心とした子どもの人権にかかわる東京の弁護士さんたちが、カリヨンこどもセンターを立ち上げた。児童相談所とも協定を結び、一時保護委託をかけることもできることとなった。児童相談所にとっても、一時保護所につながりにくい若者の支援資源として大変重要なパートナーであり、弁護士さんたちとの協働が進んでいった。弁護士さんたちのシェルターは、その後全国一〇数カ所に広がっている。そして自立援助ホームとしての位置づけを受け、行政からの補助が受けられるようにもなった。弁護士さんたちのその熱心さにはいつも頭が下がる思いである。

一〇代後半から二〇代で困難を抱える若者は、原家庭の不安定な養育の結果を引き受けているのであり、次の世代の不安定な養育につながる可能性もある。この世代は、子育て困難のループがつながる一つの結節点であるとも言える。こうした困難を抱える若者が支援につながり、安心を得て、次のステップに前向きに進んでいくことができるような支援が必要である。平湯弁護士は、そうした活動の先頭にも立ってこられたのである。

おわりに

一九九四年の子どもの権利条約批准以降、「子どもの権利」をめぐって数々の進展があったと思う。法文の上でも、二〇〇四年の児童虐待防止法改正では、第一条の目的において、「児童虐待が児童の人権を著しく侵害し、その心身の成長及び人格の形成に重大な影響を与える」と記され、子ども虐待が権利侵害であることが明記された。また、二〇一一年の民法・児童福祉法改正の際には、民法第八二〇条に「親権を行う者は、子の利益のために子の監護及び教育をする権利を有し、義務を負う」と記された。一九九九年の衆議院青少年問題に関する特別委員会での平湯弁護士の基本理念に関する提言に対して、徐々にではあるが法文上に理念が反映されてきたと考える。そして、二〇一六年の児童福祉法総則の改正は画期的な出来事となった。児童福祉法に国連子どもの権利条約の理念が取り込まれ、子どもが権利を有すること、その意見の尊重、最善の利益の優先的な考慮が明示されたのである。

今後は、これらをただ単にお題目として掲げているだけではなく、それが実質的に保障されているのかを、子どもの養護や児童相談、子育て支援のそれぞれの場で絶えず振り返り検証し続けていくことが必要だろう。真に子どもの権利が実現する社会が来るように、いつも子どもを中心に置きながら、大人と子どもがパートナーとしてともに考えともに歩んでいきたいと思う。これからも平湯弁護士に導かれながら取組みを進めていきたい。

2 「子ども福祉弁護士」の活躍を願って

平湯真人（弁護士）

東日本大震災は、私たちにさまざまなことを考えさせた。震災直後の報道に触れ、私は、恩恵的福祉観への巻き戻しが始まっていやしないかと不安になった。そのなかで権利的福祉観の重要性を訴えたのが「法と民主主義」四五八号（二〇一一年）に掲載された「恩恵的福祉観への後退は許されない——貧困社会の子ども観の再構築のために」である。また、二〇一七（平成二九）年に成立した子どもの貧困対策の推進に関する法律は画期的な法律であるが、いくつかの課題も残しており、そのことを「子どもの貧困対策推進法と関係法令」として「季刊　人間と教育」九五号（二〇一七年）に執筆した。ここではこの二本の論文を軸に、今まで執筆してきたものを併せて、子ども福祉の現状と課題を確認し、私たち大人が権利的福祉観の実践のために何をなすべきかを共有したい。

恩恵的福祉観への後退は許されない

＊「法と民主主義」四五八号（二〇一一年）より加筆のうえ掲載

貧困社会

現在の日本を「貧困社会」と表現することに大きな異議はないであろう。二〇〇〇年代に入ってからの経済の落ち込みと雇用の不安定化、格差の増大の中で、これまで比較的安定していた常用労働者でさえも病気、事故、失職などに起因して容易に貧困層に陥ってしまい、従来からの貧困層はもっと貧困化して行く、ということを私たちは体感してきた。貧困の要因はさまざまであり、病気、事故、失職といった、いわば個別的な規模の要因から、戦争、大災害といった、いわば集団的な規模の要因までがある。これらはいずれもセーフティネットが機能すれば貧困化を免れるが、たとえば大災害について発生後の支援が不適切であれば確実に貧困化をもたらす。また子どもにとって親の喪失は、それ自体が最大の貧困とも言える。
二〇一一（平成二三）年三月の東日本大災害によって、日本社会は、戦争以外のすべての貧困要因を一挙に抱え込んだ。

過去の日本社会では、社会的弱者としての貧困者をどう位置づけていたのであろうか。

恩恵的福祉観と権利的福祉観

近代社会と称される明治以降約一五〇年の時期に限定しても、その大部分は、救貧思想すなわち恩恵的福祉観が支配してきた時代であった。福祉は権利ではなく恩恵であるがゆえに、最低レベルの生活を与えるべきとする「劣等処遇[7]」の思想が、社会を支配してきた。

終戦後の日本では、憲法に生存権保障が明記され、平和的生存権も規定された。子ども法制は一応整備されたが、現実は、戦争で多くの家庭は働き手を失い、子どもの収容保護から歴史をスタートした。朝日訴訟[8]の例を見るまでもなく、恩恵的福祉観は根強く、子ども福祉について言えば、満一八歳まで児童福祉施設で生活できるにもかかわらず[9]、中学を終えて就労が可能

▼7　劣等処遇：生活保護の給付などで、その低さを正当化しようとする用語のひとつ。ある人への給付額を決めるに当たっては、その人の属する統計上の母体の最下層を下回ること要求するものであった。劣等とは元来生物学の分野で遺伝子の効力評価に過ぎなかったが、人間の処遇の用語に転じ、一九世紀末のイギリス貧困者への給付に関する法令の中に使われるなどした。

になれば、それ以上の入所は税金の無駄遣いであるとの発想から、施設を退所させられていた（高校進学は一九七三〔昭和四八〕年から）。また施設生活にしても数十人から一〇〇人以上の大規模収容方式が多数だった。児童福祉法では、一八歳まで親に養育されない場合には、知事（児童相談所長）が責任をもって養育をまっとうすべきところ（措置）、実際にやっていたことは、子どもの小さな蕾を摘んでいたに等しかったと言わざるをえない。

そうは言っても私たちは終戦後の福祉や教育にかかわる大人たちが、子どもたちを明日の社会の希望として信頼し、その生活や教育の改善のために心血を注いだことは忘れるわけにはいかない。少年非行についていて、いわゆる凶悪事件が続いていた戦後まもなくの時期にも、少年の更生を信じて刑事処罰でなく保護処分を優先する新少年法を制定したこと、「児童は人として尊ばれる」で始まる児童憲章［↓二一〇頁］を制定したこと、そしてこれらの理念を（権利という表現こそしなくとも）少しでも生かそうとする努力があったからこそ、次の「権利としての福祉観」（以下「権利的福祉観」と表現する）が育ってきたのである。

▼8　朝日訴訟：岡山県の国立療養所で療養中の結核患者であった朝日茂氏が、一九五七（昭和三二）年に厚生大臣を相手に、当時の生活保護の運用では「健康で文化的な最低限度の生活」（憲法二五条）は営めないとして提起した訴訟。

▼9　本来、児童福祉法の対象は一八歳未満の児童であり（児童福祉法四条）、養護施設も原則として一八歳になるまでであるが（同法二七条一項三号）、二〇歳までは延長することができる（同法三一条二項）。

一九八〇年代から始まった子どもの権利条約の起草作業が日本にも紹介されて、子どもにかかわるさまざまな分野で、権利侵害という視点から実情が点検チェックされ、改善を求める動きが始まった。教育の分野では早い時期（一九六〇年代）から高校全入運動など学習権が強調されてきたが、福祉の分野でも一九七〇年代から児童憲章をよりどころに施設生活の改善を求める取組みが始まり、一九九〇年代からは体罰禁止の動きも始まった。

権利的福祉観の生成と歩み

これらの実践の中から子どもの権利の中核として理念化されたのが、子どもの成長発達権の理念である。子どもは成長発達する権利があり、成長発達を周囲の大人に援助してもらう権利がある。このような権利的福祉観の理念は、「保護か自立か」という硬直した対立を止揚し、少年非行における「付添人活動」など子どもに対する具体的な支援のあり方を充実させる原動力ともなった。

子どもの貧困への関心の立ち遅れと前進

このように「権利的福祉観」が育ってきたものの、子どもの経済的困窮の側面には社会の関心がなかなか及ばなかった。日本の経済が世界的な経済構造の枠組の中でそれなりに安定し、いわゆる「総中流意識」をもたらし、「ゆたかさの中での病理」というアプローチが一般化した。

少年非行の分野でも、家計の下層にある少年の割合が減少し、一定以上の家計の少年の割合が増加し、そこでの子どもの悩みや孤立が関係者の主な関心となっていった。家庭内虐待の要因としても貧困について触れられることは少なかった。

そのような状況が変化したのはさほど古いことではない。子どもの貧困について少数の研究者や現場の福祉実務家の先進的な分析、整理がなされていたが、近年の経済変動、特に雇用の不安定化が若年労働者を直撃し、貧困の実態があらわになったことにより、多くの大人たちが子どもの貧困に関心を持つようになった。ひとり親家庭の実態にもあらためて関心が向けられた。子どもの現在の貧困が将来の日本社会にどう影響するか、という視点も一般化し、貧困の世代間連鎖の防止と早期支援の重要性が語られ、子どもの貧困への支援については（ある意味で）大人の貧困への支援よりも手厚くすべきである、との社会的合意が生れつつあった。高校教育費の無償化や子ども手当を公約とした民主党に国民の多数が投票したのも、そのあらわれだった。

震災による影響と反応

民主党政権下での子ども福祉教育政策は必ずしも順調でなかったが、そこへ二〇一一年の大災害が発生した。千年に一度ともいわれる津波もさることながら、人類史上（おそらく）最大規模の原発事故が戦時被爆経験国である日本で発生し、それが日本と世界のさまざまな局面に与える現象は到底予測しきれない不安がある。私たちは原発に対しては、営利あるいは武器としての原子力開発でなく、真に科学に裏打ちされた原子力統制を求めて行動し、またこれから広がるであろうさまざまな窮乏にどう対応するか、主権者として向き合っていく必要がある。その中で子どもへの福祉的教育的支援の重要性は、今まで以上に増えることはあっても減ることはないであろう。

しかし、大災害に対する逆の方向の反応が始まった。二〇一一年三月一五日の埼玉県議会は「高校授業料の実質無償化の見直しを求める意見書」を賛成多数で採択した。「被災地の早期復旧が急務」で「本制度を実施する余裕はない」との理由だった。これは高校教育は権利でなく、これに使う資金は恩恵にすぎない、という思想への逆行である。義務教育でも避難先での転入手続やボランティアによる補習などに熱心でない自治体もあった。「教育どころではない」という発言もあった。また、宮城県の教育委員会は四月一日の異動計画に固執し、避難所を駆け回って受け持ちの子どもを探し声をかけている教員たちの抗議をおさえて発令した（発令対象者の中には津波で殉職死亡した教員までも含まれていたとのことだった）。また親を失った多数の子どもを一カ所に集めて生活と学習させるための全寮制の小中一貫校を作る、という構想を文科省が打ち出し、これに対しては、「親に養育されない子どもには、里親などできるだけ家庭的養育の場を保障する」という方向に反するとして（厚労省も含め）疑問が出された。

ここで被災した子どもたちへの支援のあり方を全面的に述べることはできないが、いくつかのポイントがある。それは貧困の子どもへの支援の特徴とも共通している。

まず、支援の目標は成長発達の保障であるが、その根底は子どもたちの生命を守り、生きる力を支え励まし、伸ばすことにある。そのためには身近なサポーターの存在が欠かせない。被災や貧困を対象とした制度やシステムを整備するときでも、大人へのケースワーカーや相談員以上に、子どもには身近なサポーターが必要である。被災した子どもたちは親を失った子もそうでない子も、強い衝撃と傷を負っている。これを癒し励ますのは（心理士などの専門家の力ももちろん必要であるが）、前から繋がりのある親戚や学校教師、近隣の大人たちであり、この人たちとの繋がりを極力保持することが重要である。このような観点から見るとき、これを配慮しなかった宮城県の異動方針は極めて問題であった。

また、親を失った子どもたちは、児童相談所に保護されるまで時間がかかった。多くは親戚や近隣の大人と暮らしていた。このような生育環境から切り離して、他所に子どものみを集めて生活させる全寮制構想も、戦後日本の施設収容重視の発想であって、大きな疑問がある。

なぜ教育が大切か、あらためて考えたいと思う。学習ということは知的欲求を充たす活動であるが、それとともに子どもの通常生活を（部分的にであれ）保障する営みである。災害によって子どもは日常と大きく遮断されトラウマに陥る。子どもは学校の友だちや教師との生活の中で（もちろん家庭でも）遊び、学び、笑ってきた。辛いときほど遊びたいのではないか。その日常生活つまり遊びと学びを保障し、その中で子どもの微笑みを引き出すようにすることが、周囲の大人の大切な役割であろう。在京の知人が「避難所にいた知り合いの子どもを短期間引き取ったが、カラオケに誘ったところ、目を輝かせて『歌っていいんですか』と聞いた」という話や、被災者の「子どもがいてくれるので励まされる」という発言など、重い意味がある、と思う。

社会的養護の子どもたちの人権

＊「人権回復の場としての施設」平湯真人編『施設で暮らす子どもたち〔第三版〕』（明石書店、二〇〇〇年）を要約・加筆のうえ掲載

私は、これまでにいくつかの書籍の発刊に関わってきた。そのなかの一冊に『施設で暮らす子どもたち〔第三版〕』（明石書店、二〇〇〇年）がある。

その中の第一章「人権回復の場としての施設」で、私は、傷ついた被虐待児がケアを受け、人権を回復していく場としての養護施設の課題を、期待を込めて論じた。本書の発刊から時間は経っているが、養護施設の課題は今なお変わらないと思う。以下、そのなかで述べたことの

ポイントを改めて書き記す。

社会的養護の子どもたちの人権回復

社会的養護の子どもたちは、社会的養護に入る前、親の気分次第で突然戸外に放り出されたり食事を抜かれたりしてきた。親の不和のとばっちりで眠れない夜を過ごし勉強が手につかなかった。親が行方をくらまして捨てられた。親が精神病で親の変調のたびに大きな不安にさらされてきた。このような理不尽な日々の中で、その子は振り回され、家庭環境を奪われるなかで、さまざまな人権侵害を受けてきた。そして、自分には生きている価値がないと思っていたり、「お父さんとお母さんが離婚したのは僕が悪い子だったからだ」と思っていたりする。

それゆえ、社会的養護の子どもたちの人権保障の問題は、ゼロからのスタートではなく、すでに侵害された人権をまず回復し、さらに発展させるということにある。だから、一般家庭と同じかそれ以上のレベルのケアが必要なのだ。

社会的養護の子どもたちにとって、まず必要なのは、あなたが悪かったのではない、あなたはそのままで、みんなから大事にされる価値があるのだということを、周囲の大人が身をもって行動で示してやることである。無視の代わりに関心を、それも本人にわかる形で示すことであり、声をかけることである。

意見表明と自己決定

大人から見れば小さなことであっても、自分が選択してよいのだ、という経験と確信には、大きな価値がある。食事のとき、好きなおかずを先に食べるかどうか、昼寝をしたいか散歩をしたいか、学校へ行くのにどのシャツを着ていくか、などなど。自分の選択を無視されてきた子どもに、このような選択の経験を積ませることは、職員が何でもやってしまったり、次々に指示を与えてさせるのに比べると、はるかに手間と時間がかかる。しかし、それだけの手間と時間はかけなければならない。

何よりも、自分の人生は自分で決めなくてはならない。人間は、ある日いきなり立派な決断（結果を引き受ける、責任を伴った決断）ができるようになるわけではない。大きな問題を一人で決められるようになるには、日頃から小さな決断の積み重ねが大切である。そういう意味で、施設の生活のなかでは、限られた条件ではあるが、子どもの選択と決断を促し、尊重し、責任を負うことを学ぶように最大限の援助をなすべきである。

ハンディを負った子どもたちのケア

ハンディを負って入所してきた子どもに対しては、さらに多くのものが必要である。

勉強が手につかなかった子どもには、そのハンディを解消するためのケアが必要である。小さな子に邪魔されない勉強部屋も、宿題を教えてくれる大人も必要である。高校進学、さらには大学進学などの教育を受ける権利の保障も重要である。

常に大人の生活に向き合わされ、自分一人の世界を持てなかった子どもにとっては、過去に対する感情を整理し、これからの不安に打ち克つ決意を固めるための思索が必要であり、そのためのプライベートな空間、つまり、個室が必要である。「一般家庭でもそこまで普及していない」という理由で退けてしまっていいものではない。

繰り返しになるが、ハンディを負った子どもに対しては、一般家庭と同様もしくはそれ以上のレベルのケアが必要なのである。

巣立ちの際のケア

施設から社会に出ていくときにはどのようなケアが必要であろうか。

社会的養護の場で暮らしてきた子どもが社会に出てから、独りでやらなければならないことはさまざまにあり、周りでフォローすべきことは多い。他方、周りではフォローしようがないこともある。

子どもの権利条約は、七条ほかで「親に養育される権利」を強調し、二〇条では「家庭環境を奪われた子ども」については、「国が与える特別の保護および援助を受ける権利を有する」と明記している。また、同条約三九条は、「あらゆる形態の放置、搾取もしくは虐待……の被害者である子どもの身体的および心理的な回復および社会復帰……は、子どもの健康、自尊心および尊厳を育成する環境において行われる」としている。

親から虐待されて親子分離のために施設に入所したケースでの、親へのケアの重要性は広く指摘されているが、「親に養育される権利」を侵害されたすべての子どもにとって、「権利回復」とは家族の修復・再統合であり、これを支えとして社会に自立していくことが最上のケアである。しかし、修復・再統合が不可能な場合には、それを子どもが精神的に受け止め、前に進んでいけるように援助する必要がある。

社会的養護の子どもたちと「充実したふつうの生活」

児童養護施設「恩寵園」の施設内虐待事件で、被害に遭った当時の園生が事件を振り返った座談会で「充実したふつうの生活」という言葉が出てきた〔↓一一五頁〕。この言葉が意味することは何か。検討したい。

恩寵園をめぐる取組みの中で、子どもたちが奪われていた「充実したふつうの生活」は、単なる怨みの対象にとどまらず、その感情を超えて、「ならば、自分たちで作りだすしかない」と自覚されていったと思う。これまでの自分の生活環境（児童養護施設「恩寵園」での暮らし）では、どんなに望んでも実現しなかった、諦めて忘れたと思っていた「ふつう」は、怨みの比重が小さくなっていくにしたがって、「施設の子も、自宅にいる子も全部合わせて『私の友達』がほしかった」のだと気がつく。彼女たちは恩寵園を出た後、それを自分の力で獲得し、大切に守ってきたことがわかる。子どもにとって「友達がいる」ということは、保障されるべき権利の一つなのである。

放課後、下校途中の寄り道を禁止する施設があるが、これは、「どこで遊ぶか」を指定するだけでなく、「気の合う友だちが得られるか否か」を左右する、子どもにとっては大きな課題で、成長発達を妨害していることにもなるのではないか。別のある児童養護施設でのエピソードであるが、「同じクラスの友人を、(施設に)遊びにおいでよ、と誘おうと思って、職員に相談したら賛成してくれたので嬉しかった」と話した子がいたそうだ。子どもにとって、友だちと遊ぶことは人権の一部である。このエピソードの背景には、施設の側に、実は社会一般に対して施設というものをオープンにしたくない気持ちが働いているのではないか。良心的といわれる職員でさえ、その傾向は否めない。根源的な問題としては、「劣等処遇」的な意識が福祉の現場を覆っていて、「外の目を入れれば、何を言われるかわからない」という警戒心になっているのかもしれない。一方では、職員と保護者との交流が進んで、職員が学校ＰＴＡにも出席し、役員になることも珍しくなくなっているところもある。先駆的な職員による活動だと言える。

戦後相当期間たっても、養護施設の養育環境は変わらず、子どもの箸などには関心を持たれなかった。雑貨として一括購入、一括使用の対象だった。ある施設で、日夜何か子どもたちを喜ばせる物はないかと考えていたところ、ある日、「個別に箸を持たせ、ピンク色の箸にネームを入れてあげたらどうか」と思いついた。「施設長、せめて少しだけ予算をください」「そうだねえ、せめてこれくらい出してあげようか、事務長さんどうにかしてください」。こんなやりとりであったのかと想像してみる。

また、もうかなり前のことであるが、青森県の知事が福祉司を思い切って増やした結果、ケアの質が上がり、一時保護の必要なケースが減った。この話を聞いている中で、一時保護所のスタッフが「男の子が泣く場所がないので、廊下の隙間に顔を突っ込んで泣くんですよ」とおっしゃっていた。私は言葉が出なかったが、後になって、私の辞去した後、以下のような会話になったかもしれないと思った。「本庁だって増員は限界だと言っているよ」「私はせめて鼻をふいてあげてぎゅっと抱きしめるくらいすればよかったわ」。

社会的養護の目標として普通の生活の確保があり、豊かな内容を持っていることは強調したとおりである。この内容は子どもの成長発達権を重視した支援と言い換えてもよく、またケア関係を重視した支援と言い換えてもよいと思う。

子どもと大人では時間の持つウェイトが異なるし、子どもは施設外で一緒に居られる友だちがいないことの欠乏感が強いことなど、大人には小さいことも子どもには大切であることも多い。大人がやってしまえば簡単なことでも、それをせずに子どもに小さな経験を積ませることが大切になる。逆に、年長になればなるほど必要なケアに目が届いてほしい。施設から充分助走をとらないで社会に出たために失敗することは少なくない。

学校の想像力

一〇年ほど前の事件だが忘れられない事件がある。江戸川事件は、男児の消しゴム紛失がきっかけの一つとなり、子どもが死亡した虐待死ケースである。学校の想像力が欠如すると、どういうことが起きるか、が問われた。

事件は二〇一〇(平成二二)年一月二三日、江戸川区で発生した。当時七歳の男子児童の小学校入学を機に一家三人は都外から転入してきた。二〇〇九(平成二一)年の一月ころ、男児の養父(当時三一歳)は、かねてから男児に対して、学用品の管理をやかましく言ったり、食事に時間がかかることに立腹し、暴力を加えていたとみられる。

同年一二月七日、男児は自宅で宿題をしようとしたところ、消しゴムがなくなっていることに気づき、放課後の教室に捜しに行ったのだが発見できなかった。困っていたところに教職三年目の担任教師が遭遇し、自宅まで同行して事情を説明した。ところがその後、養父は児童に暴力を加え、彼は断続的に不登校（欠席）を繰り返し、死亡した。

このケースで私が気になるのは、「教師の子どもを見る目」である。小学校一年生が放課後再度登校し、教室で消しゴムを探すというのは尋常な状態ではない。そこに教師は気づかなかったのか？　そもそも、消しゴムは養父が腹を立てるほどの学用品なのか？　こうした小さな事実の中にこそ「大事な事実」が潜んでいるのではないだろうか。ディティールを軽視してはいけない。「木を見て森を見ず」という言葉があるが、「この子はいったい何に困っているのだろう」と考えないのであろうか。想像しないのであろうか。

私は、この事件を聞いて、地団駄するほど悔しかった。普段からの教師の姿勢や感性が問われているといえるのではないか。

子どもの貧困対策推進法と関係法令

＊「季刊　人間と教育」九五号（旬報社、二〇一七年）より加筆のうえ掲載

法律の前史・成立・意義

これまで日本の法律では、子どもの貧困対策を包括的に対象とするものは存在せず、関係者の法律制定の期待は強かった。

二〇一三年に成立した「子どもの貧困対策の推進に関する法律」（以下、「推進対策法」あるいは「法律」）は、この期待に対応するものである。

推進対策法は、戦前のセツルメント活動の伝統や戦後の各範囲のボランティア活動の伝統などを不可欠の基盤として、当事者と支援者が国会に働きかけたものであり、いわば市民からの積極的立法運動と言ってよいであろう。

このたびの推進対策法の立法運動は比較的短期間であったように見えるが、長い間実態が表面化しない中で、当事者、支援者たちの懸命な立法運動の成果であった。

後にもくり返すが、近代社会において立法運動、つまり「法律化」することの意義は、社会の内部で市民権を得るためと、行政内での変化である。法律化によって予算措置が取りやすくなり、予算措置によってさらに前進する。筆者の関係する「なくそう！ 子どもの貧困」全国ネットワークでも、法律制定以降、地方自治体関係者の参加がふえ、またこれまでも切歯扼腕してきた積極的な公務員の発言が目立ってきている。

前史に戻ると、推進対策法の立法運動は領域によって異なるが、二〇一〇年に横断的な前記ネットワークが結成され、二〇一三年に法律が成立したことは広く知られるようになった。従前、子どもの貧困に資する法令はいくらかあったが（就学援助法、生活保護法など）、自己責任の考え方から充分活用されてこなかった。そして、その原因が、保護や援助を受けることは恥ずかしいと思う心情とそれを当然と思わせる社会のあり方にある、との認識も社会に広まってきていた。その中で特に表面化していた貧困家庭の学力不足について、福祉や教育関係者が身を挺して私塾を開設したり市民や学校事務職員が学用品の申請手続を援助したりする例も報道されるようになった。

次に、関係法令としては前述した就学援助法がある。ここでは詳述を避けるが、同法が定める学用品の購入費といった教育費の支給等の問題について、教員や市民、自治体議員に対して関心を向けさせた学校事務職員の研究団体の活動を忘れることはできない。

また、生活保護の一環として正式な扶助として支給される事例も出てくるようになった。このような中で、ＯＥＣＤ諸国との対比での立ちおくれが報道され、関係民間団体が国会議員への働きかけを強め、議員の理解も進んだ。ただし、このような風ばかりがストレートに前向きに働いたわけではない。

政府厚生労働省は同じ頃生活保護法の一部基準切下げを要求していた。また、生活保護法とは別に生活困窮者自立支援法を制定して生活保護に至らない人たちに就労指導を強めようとしており、それは生活保護切り捨てだとの批判も生んでいた。そこで政府としては三つの法案を一括審理して野党が他の二法案に反対しにくくしようとしたが、結局は分離し、推進対策法は全党一致で成立させることができた。生活困窮者自立支援法案への評価は別として推進対策法成立の裏側にはこのような政治的働きが絡んでいたことも見逃してはならない。
このようにして成立した法律は次のとおりである。まず中核ともいうべき目的・基本理念（一、二条）を紹介する。

第一条（目的）この法律は、子どもの将来がその生まれ育った環境によって左右されることのないよう、貧困の状況にある子どもが健やかに育成される環境を整備するとともに、教育の機会均等を図るため、子どもの貧困対策に関し、基本理念を定め、国等の責務を明らかにし、及び子どもの貧困対策の基本となる事項を定めることにより、子どもの貧困対策を総合的に推進することを目的とする。

第二条（基本理念）子どもの貧困対策は、子ども等に対する教育の支援、生活の支援、就労の支援、経済的支援等の施策を、子どもの将来がその生まれ育った環境によって左右されることのない社会を実現することを旨として講ずることにより、推進されなければならない。
子どもの貧困対策は、国及び地方公共団体の関係機関相互の密接な連携の下に、関連分野における総合的な取組として行わなければならない。

右条文の中でも、特に「子どもの将来がその生まれ育った環境によって左右されない」という表現は「貧困の連鎖を断ち切ろう」とのメッセージとセットで広く使用されるに至っている。法律の表現が実態を越えて実態を変える力を持つことはままあるが、この法律もそのひとつになりうるものとして注目される。なお右の点を強調することが、親に責任を転嫁することになってはならない。特に自治体行政の現場においては、法律の持つ重みは大きいので、実例の積み重ねが期待できるであろう。

一般に法律の目的等は「きれいごと」とすまされることが多く、また、決めても実現困難なことが多い。つまり、現実を動かす力が足りないのである。しかし、男女同権、男女共同参画のように、法律に記載されたときは現実が遅れていてもくり返し強調することによって、説得力が増すことはある、もちろん、政治は取引や交渉、妥協の結果でもあるが、それを前提としても、なおも法律を良い方に活用し育てるという視点は必要であろう。

貧困を語るということ

私の個人的体験を語っておきたい。私が育った家庭は小学生の頃（一九五五〔昭和三〇年〕頃）、父の病気のために短期間生活保護を受けたことがあり、その後は病気も回復し生活も安定して奨学金を受けることなしに大学進学も果たせたのである。生活保護を受けていた時期の経済生活は友人たちと格別のちがいはないと思っていたが、ある時期より私の子ども時代の生活の数少ない記憶のうち、かなりの部分が食物に関するもので占めていることに気づいた。友だちのお母さんが用意してくれた駄菓子、家業を手伝って届け先のおばさんからもらったバナナの半分など。しかし、そのおやつのことを自宅で母に話した記憶はない。母が好まなかったからと思われる。生活保護についても子どもに積極的に話してくれたわけではない。母にとってはやはりトラウマになっていたのであろう。また、私も最近まで食物体験を他人に話したことはない。

生活保護体験についても同様であるが、最近こんな体験があった。子どもの貧困に関する行動について話し合う席であったが、私は何となく居心地悪いものを感じていたので、自己紹介の一部としてさらりと小学校の自己体験のことを短く話したところ、「それなら話は早いじゃないか」という発言が同席者から出たのである。仲間として認めようということであろう。私程度の短期間の体験談を持って仲間に入れてくれたのだから、その席の排他性が強かったわけでもない。しかし、子どもの貧困を軽減するという大きな目的の前に、体験者と非体験者との連帯をどう築き上げるかという課題として考えると、自己の体験談を（特に私のような小さい体験を）他人に話すときは慎重であるべきだと思うようになった。

個人的体験の延長を少しふくらませてみたい。この小学生にとって、大人社会の目線がどうあるのが望ましいか、慎重を要する。励ましのつもりで「がんばっているね」という言葉が負担感を与えてしまうこともある。正解があるわけではないが、大人の言葉のデリカシーは求められているだろう。

法律の構成

貧困対策法自体の構成は一六カ条というコンパクトなものであるが、これとは別の、いわば法律の付属文書として「子供の貧困対策に関する大綱について」(以下、「大綱」という)が作成されており、これは法律と政令(国会でなく内閣が制定する)の関係と似ていて、法律によって委任された部分の法的効力は法律と等しい。そして、貧困対策推進法の場合にも、最も基本的な事項は法律で定め、細目(場合によっては細目以上のものも含めて)は大綱に委任されているので、ここでは必要な場合以外は法律と大綱は区別しないで論述する。

まず法律、大綱を通じての中核ともいうべき目的・基本理念については、すでに紹介した。どのような内容の支援をするかについては、法律で四つの基本類型と一応の定義を次のとおり定めている。

(イ) 教育的支援としての就学の援助、学資の援助、学習の援助その他の必要な援助(一〇条)。
(ロ) 生活の支援として生活に関する相談、社会との交流の機会その他必要な施策(一一条)。
(ハ) 保護者に対する就労の支援、その他の必要な施策(一二条)。

㈡　経済的支援、その他の支援（一三条）。

支援類型のさらなる具体化は大綱でなされているが、いくつかの支援類型については後述するのでここでは省略する。

法律、大綱の実現への役割分担として、国は貧困対策推進法対策を総合的に策定し、および実施する責務を有する、と定め、地方自治体の役割を「国と協力しつつ当該地域の状況に応じた施策を策定し、及び実施する責務を有する」、そして市民の役割については「国又は地方公共団体が実施する子どもの貧困対策に協力するよう努めなければならない」と定める（国民がどのような協力をすることを想定しているのか明らかではない）。

なお、この法律には重要な規定がある。子どもの貧困率、貧困指標の設定と改善に向けた施策をも国の義務指標として定めた（八条）ことである。従来から貧困を表現する上での指標として、失業率、生活保護家庭の子どもの進学率等に注目されてきたが全体的把握は十分ではなかった。また、貧困率という統計上の概念を用いて、ある政策動向を追い、効果を測定することも、ＯＥＣＤ諸国等では古くからなされてきたことであるが、我国では政府や公的機関による科学的、継続的な調査が遅れたため、国として有効な指標を立てられず、国民の理解も遅れた。

このたび、国のみならず都道府県においても指標に基づく科学的な計画策定の作業が始められたことも画期的であり、中途半端に終わらぬよう注目したい。

どのように支援するのが良いか

貧困とはまず金銭物資の欠乏であるから、まずは欠乏の補填とは金銭物資の給付であろう。個別救済の主流であった生活保護も基本は金銭給付である。しかし、現物給付が必要な場合もある。医療扶助の場合がそれである。それだけでなく、人間関係を築きながら生活の補助、介護をするような場合は人的支援の性格が大きくなるのが妥当であろう。

以上は大人の話である。そして子どもの支援となると格段と人的要素が強くなる。貧困の発生原因そのものが子どもの生活にとっての人的要素（親・教師など）の欠乏に起因することが多いせいもあるが、支援の内容としても可能な限り、人的要素をもって充てるのが望ましいであろう。つまり、「金ですむことは金を払ってすませる」のではなく、人的要素の必要がある限り、人的支援を活用すべきということである。

子どもにとって人的要素の比重が増せば増すほど具体的に「どの大人が」とのテーマの比重も大きくなる。

また、私の体験事例のように、地元近所の「おじさん、おばさん」から声をかけてもらうことが生活の張りや励ましになるような場合は、もともと「金ではすまない」関係にはないのであるから、基本的な支援者を見つけるにあたっても丁寧な手順が必要である。「地域のおせっかいおばさん」が「声かけ」にとどまらず、「子ども食堂」に誘って行くプロセスは子どものニーズ（物的人的ニーズ）にもかなっている。

ここで具体的に誰が支援にたずさわるのが適切かという視点から、教育（または教育的支援）と福祉の比較という場面を考えてみたい。かなり知られているように、学校と福祉の関係もしくは学校現場と福祉現場の関係はあまり良好とは言えなかった。その内容は、学校教員が子どもやその保護者の状態を知っていない、あるいは知ろうとしていない、という福祉の側からの不満であり、これに対しては、なまじ一部の家庭の状態を知ると、ほかの生徒に対して不公平になる、家庭のことは（もし必要なら）福祉事務所に任せればよい、との教育の側からの反論があったように思われる。親による家庭内虐待が疑われる場合まで「不公平」という反論が出されないと思われるが、過去の長い学校教育の中では教員が進学先等について親に積極的に働きかけることは決して珍しくなかった。このたびの法律では、学校（教員）も就学支援（学用品）、学資援助、学習支援（学習塾など）を担って行く方向が打ち出されたことは歓迎すべきであろう。

他方で教育支援の内容の問題もある。それはいわゆる英才育成に偏向してはいないか、あるいは、中学生にとっては高校入試突破が人生目的になってはいないか、という問題である。単に学力（成績）増でなく、数々の矛盾に満ちた社会で生きていく力を培うことが教育的支援担当者（教員担当者、非担当者を問わず）の共通の課題ではなかろうか。

また、高校生ともなると、母子家庭で思うようなアルバイトは見つからず、自己嫌悪に陥り、「自分が生きていることが無駄に金を使っていることなんだ」と涙を流し、友人との会話の中でかろうじて気持ちを取り直しているという生徒もいる。こういう子については公的な就労の指導だけではないサポートが不可欠であろう。

また、最近子ども食堂の広がりが運動ともいえる状況になっている。夕方、子どもに食事を用意できない家庭の子どもをボランティアの市民が自宅等に五人、一〇人と集めて食事を提供し、会話を交わし、子どもは自宅に帰って行くのであるが、前身が学習グループである場合、居場所に発展する場合など、さまざまな結びつきが志向されている。

このたびの推進法で救済がどこまで可能となったのか、あるいは残されたのか、以下に雑駁な検討を試みたい。

残る問題

まず大きな前提として、はっきりさせたいのは、子どもの貧困を解消するための国、自治体の財政支出は法的に適法であることが明確になった、ということである。その上で、具体的な支出内容は自治体の財政規模などに任されるが、法律の趣旨に反する内容は裁量の濫用として許されないことになる。当たり前のようであるが重要な転換である。以下各論的に述べる問題点に対する回答ないし私見は別の機会にしたい。

子どもの貧困という概念は、それまでの家族自己責任ともいうべき「常識」を覆すものであるから、多くの問題点が残るのも避けられない。これまでの言及との重複脱落をおそれずに記載する。

一　そもそも大人の貧困と区別した概念を立てることによって大人の貧困を置き去りにし、全体をも遅らせているのではないか。

二　各種支援の中で教育支援を偏向して優遇し、さらにその中でのいわゆる英才教育を重視することにならないか、また救済を受けた子どもとそうでない子どもの間で新しい差別を持ち込むことにならないか。

三　そもそも推進法に日常的に支援を強制する規定がないのは、問題ではないか。一定以上の貧困性の高まる子どもについては仕組みを工夫すべきではないか。

国、自治体の「責務」の有効性について注記したい。大綱では国等の支援について、「○○しなければならない」ではなく、「○○するものとする」との表現を使っている。これは法律用語の慣行上、国等が個々の国民と権利義務の関係に立たない場合に用いられる表現である（児童扶養手当法で個々人の受給額が明記されているのとは異なる）。国等は個々の国民でなく国民全体に対する政治上の義務を負うという趣旨である。国等が責務を怠った場合の責任追求もそのように行われる。

四　法律制定の際に法律の構成内容については委員会の審査はほとんどなされず、政党間折衝ですまされた。その中で推進法は「子ども」の定義がないことについて具体的な年齢で区切ってしまうと救済の妨げになる、という説明がなされた。しかし、子どもの定義や指標等についても市民の関心をより高めるためにも見直しの際には委員会審議を増やすべきではないか。

五　最近浮上している改憲論との絡みがある。一部政治家が、これは高校授業料を無償にするためには憲法を変える必要がある、ということを主張している。社会の支持を得るには至っていないが、充分に警戒する必要がある。

六　貧困対策に必要な費用を増税もしくは新保険を導入する動きがあるのも警戒すべきであろう。

子ども食堂

日本における子ども支援のボランティア活動は、順調に発展してきたとはいえない。事例としては、戦前の都市労働者のためのセツルメント活動（保育園活動など）が典型的である。しかし、財産基盤も乏しく充分発展しないまま戦後を迎えた。当時の勤労者のニーズは公立保育所の充実と放課後授業が主な要求となり、比較的最近までそうであった。

　このような中で、新しいタイプの子どもの支援である子ども食堂が各所で活発になってきた。子どもに無料や低額で食事を提供する子ども食堂の取組みは二〇一二年ごろから始まり、運営者団体の調査では現在全国二二〇〇カ所以上に広がっている。[10] 特徴は一般市民参加が定着していることである。そのシンボルが「街のおばさん」「おせっかいなおじさん」であろう。私も少年時代に家業である貸本屋の手伝いで配達をしていたのだが、そのとき軒先で「街のおばさん」「おせっかいなおじさん」に声をかけられたり、お菓子をもらったりした。そういう思い出は今でも残っていて、それが私の成長の支えのひとつとなっている。私の理解では、子ども食堂とは、地域のおじさんやおばさんら大人との触れ合いの規模を大きくしたものである。

▼10 「子ども食堂　地域住民が協力8割　貧困家庭への周知課題」（平成三〇年四月二九日毎日新聞東京朝刊）。

昨今、子どもの貧困が深刻化している。子どもの貧困とは、すなわち家族の貧困、大人の貧困である。子ども食堂は、そういった時代のニーズに合った活動をしているというのが私の印象である。子ども食堂における子どもへの直接支援活動は食事提供であるが、子ども食堂は、毎日開かれている所はまだ少なく、月に一、二回開催のところが多いと聞く。また、困窮家庭に限らず受け入れている。すると、食事提供がメインというのではなく、居場所の提供、子育てに住民が関わる地域作りという側面がメインなのではないであろうか。[11] そして、遊び支援のニーズもあると思う。子どもには、明確な、行儀のよい時間割ではなく、積極的な意味での遊びの時間が必要である。

子ども食堂を通じて、子どもたちが地域の大人と接することにより、人との信頼関係を築くことができるようになると思う。地域で子どもを育む、子ども食堂の発展を心から願うものである。

▼11　前掲註10記事によると、「農水省の調べでは約九割が、子どもたちの居場所作りや子育てに住民が関わる地域作りを目的にしている」とのこと。

児童憲章

児童憲章は、一九五一（昭和二六）年、総理府に設置された児童憲章制定会議（児童問題有識者によって構成。議長は金森徳次郎）で審議され、同年六月に採択・宣言された。それとともに厚生省児童局長が憲章の実施の責任者として、詳しい通知を各都道府県知事に対して発した。[12] これは憲章を補足する重要な通知である。すでに児童福祉法（一九四九〔昭和二四〕年制定）が制定されていたが、それとは別に児童憲章が必要とされたのは、新しい児童福祉の理念をわかりやすい宣言の形で作ってはどうかという意見が政府内部で出て、前記のような動きとなったようである。

通知には憲章の解説という形で次のような文章がある。

児童憲章は、児童の基本的人権を尊重し、その幸福をはかるために大人の守るべき事項を、国民多数の意見を反映して児童問題有識者が自主的に制定した道徳的規範である。従つて国及び地方公共団体は、これが実現について法的責任を有するものではないが、児童

▼12 「児童憲章について」昭二六・六・二厚生省児発第二九六号〈https://www.mhlw.go.jp/web/t_doc?dataId=00ta1621&dataType=1&pageNo=1〉。

福祉の諸政策を樹立する場合及び国民を指導啓蒙する場合には、この憲章の諸条項を指標とし、各般の情勢とにらみ合せて、できる限り憲章の定める事項の実現に努力されたいこと。

児童憲章と通知はメッセージ性が強いものである。この時期の立法は、少年法などのように日本国憲法を引用した力強いトーンの法令が目立つ。児童憲章は、冒頭で、目的と三つの原則を掲げたうえで、各則を定めているのだが、これらの文章すべてで「児童は○○される」というかたちで主語に児童を置き、その保障される立場ないし利益を表現している。そして、大人はどうすれば子どものためになるか、しっかり智恵を出しあい、行動しなさいよ、と言っている。ケアの内容は法律で決めるなどとも言わずに、「精いっぱい頑張るから、大人を信じてほしい」ということであろう。

また、児童憲章と通知は、権利や義務を表す「……することができる」「……しなければならない」など、言ってみれば野暮な言葉は使わず、そのようなことを文化国家の国民として当然であるという前提で、すべての大人のはたすべき義務だということを確認したかったのではないだろうか。ただ、人によっては、いわば恩恵的福祉観に基づいて子どもの幸福のために行動している人もいるであろう。ここで重要なことは、権利や義務・恩恵といった言葉を乗り越えて、ただ単純に「子どものために努力する」大人の存在である。この不断の努力によって、権利的福祉観が自然なものとして醸成されていくと思われる。そのためにも、常に「子どもの幸福とは何か?」「子どもの幸福実現のために何をすべきか?」ということについて思考を深め続けていかなければならない。児童憲章と通知は、その格好の素材でもあるといえよう。

児童憲章は一九五一年の制定の後、一度も改正されていない。これは、児童憲章の理念が今も充分に新しいことの現れといえよう。児童憲章の理念を修正すべき実はないが、ただ、児童憲章の下で育ってきた大人が、自身の経験や現代の社会情勢を踏まえたうえで、児童憲章を再度検討することも有意義であろう。また、通知には、「指導啓蒙」「普及徹底」といったエリート主義の発露とでも言うべきフレーズが目立つが、これは制定時の時代背景に由来するものであり、児童憲章の価値を減ずることにはならないと思う。なお、児童憲章の現代的意義を考える上で、二〇一六(平成二八)年の児童福祉法改正の意味は大きい。審議の中では児童憲章との関係についての論及は一切なかったが、改正法では子どもの権利についての理念規定が抜本的に見直され、一条の主語が従前の「すべて国民は」から「全て児童は」にかわり、子どもの権利条約の精神に則り、権利内容七項目が初めて明記された。これは画期的なことである。

〔児童憲章〕

（昭和二六年五月五日制定、児童憲章制定会議〔内閣総理大臣により招集。国民各層・各界の代表で構成〕制定）

われらは、日本国憲法の精神にしたがい、児童に対する正しい観念を確立し、すべての児童の幸福をはかるために、この憲章を定める。

児童は、人として尊ばれる。

児童は、社会の一員として重んぜられる。

児童は、よい環境の中で育てられる。

一　すべての児童は、心身ともに健やかにうまれ、育てられ、その生活を保障される。

二　すべての児童は、家庭で、正しい愛情と知識と技術をもつて育てられ、家庭に恵まれない児童には、これにかわる環境が与えられる。

三　すべての児童は、適当な栄養と住居と被服が与えられ、また、疾病と災害からまもられる。

四　すべての児童は、個性と能力に応じて教育され、社会の一員としての責任を自主的に果たすように、みちびかれる。

五　すべての児童は、自然を愛し、科学と芸術を尊ぶように、みちびかれ、また、道徳的心情がつちかわれる。

六　すべての児童は、就学のみちを確保され、また、十分に整つた教育の施設を用意される。
七　すべての児童は、職業指導を受ける機会が与えられる。
八　すべての児童は、その労働において、心身の発育が阻害されず、教育を受ける機会が失われず、また、児童としての生活がさまたげられないように、十分に保護される。
九　すべての児童は、よい遊び場と文化財を用意され、悪い環境からまもられる。
十　すべての児童は、虐待・酷使・放任その他不当な取扱からまもられる。あやまちをおかした児童は、適切に保護指導される。
十一　すべての児童は、身体が不自由な場合、または精神の機能が不充分な場合に、適切な治療と教育と保護が与えられる。
十二　すべての児童は、愛とまことによつて結ばれ、よい国民として人類の平和と文化に貢献するように、みちびかれる。

おわりに――「子ども福祉弁護士」に込めた特別な思い

恩恵的福祉観からすれば、生活保護を「権利だ」などというのはけしからんと考えることになろう。しかし、権利的福祉観からすれば、生活保護も含め、適切な支援を子どもが受けることは、子どもにとっての権利であるということになる。そして、本来「子ども」とは特別な保護を受ける権利の主体だと考えられる。子どもの福祉を担うのは、もちろん弁護士だけではない。他方で、憲法・法律を学んだ弁護士は、あるべき子どもの福祉の実現にあたって常に「人権」を意識した立場に立つことができるはずである。あるべき子どもの福祉の実現という使命を果たしていくことが、子どもの福祉を取り巻く状況を堅固にしていくはずだ。常に子どもから学び、その気持ちに寄り添うことが人権を学んだ弁護士に求められている。そして、その使命に応えることが一人ひとりの子どもの生きづらさをなくしていくことにつながると思う。

カリヨン子どもセンターでは、入所する子ども一人ひとりに、その子どもを担当する「子ども担当弁護士」がつく。その子どもからの相談を受けた弁護士だったり、その子どもの少年事件の付添人だったりする。そして、子ども担当弁護士が児童相談所や家庭と環境調整を担い、その子どもに付き添いながら、シェルターや自立支援ホームからの出所を支えるのである。

それはどこまでも子どもを権利の主体として扱い、その権利の実現のために働く大人の姿である。このような役割をする弁護士こそ、私のイメージする「子ども福祉弁護士」である。全国で、「子ども福祉弁護士」が活躍し始めている。「子ども福祉弁護士」が一人でも多くなり、少しでも活躍しやすくなることが私の願いである。

編著者略歴

平湯真人（ひらゆ・まさと）……………………一章・二章四節・四章二節

弁護士（東京弁護士会）。一九六八年裁判官に任官。一九九一年に退官し弁護士登録。恩寵園事件弁護団等に参加。施設内人権を考える会主宰、日本弁護士連合会子どもの権利委員会委員・幹事（福祉小委員長）、子どもの虐待防止センター理事長、子ども虐待防止学会（JaSPCAN）理事・制度検討委員長、カリヨン子どもセンター理事、「なくそう！　子どもの貧困」全国ネットワーク世話人等を歴任。

執筆者略歴

山田由紀子（やまだ・ゆきこ）……………………………二章一節

一九七九年より千葉県にて弁護士。一九八六年から二〇一七年まで日本弁護士連合会子どもの権利委員会に所属し、同委員会副委員長・委員長等を歴任。著書『子どもの人権をまもる知識とQ＆A』（法学書院、二〇〇七年）、『少年非行と修復的司法――被害者と加害者の対話がもたらすもの』（新科学出版社、二〇一六年）。

掛川亜季（かけがわ・あき）……………………………………三章一節

弁護士（東京弁護士会）。日弁連子どもの権利委員会委員、同元福祉小委員長、同元事務局長、東京弁護士会子どもの人権と少年法に関する特別委員会委員、同元事務局長。東京都児童相談所非常勤弁護士のほか、子どもからの相談・代理人活動や離婚等の家事事件、未成年後見人等子どもに関わる業務を行っている。

関貴教（せき・たかのり）……………………………………三章二節

社会福祉士、精神保健福祉士。二〇〇〇年より児童養護施設勤務。二〇一九年度に養育里親登録。ＮＰＯ法人いばらぎ子どもの虐待防止ネットワークあい理事。

黒田邦夫（くろだ・くにお）……………………………………三章三節

愛恵会乳児院施設長。二七年間、児童養護施設で児童指導員として勤務。不適切な養護と運営で混乱した施設、大量退職が続いていた施設、都からの民間委譲で職員が総入れ替えになった施設と三つの児童養護施設の施設長をしてきた。多くの施設の職員や施設長から運営や養護の相談を受け、施設の改善・改革を支援してきた。二〇一八年四月から現職。

川松亮（かわまつ・あきら）……………………………………四章一節

明星大学人文学部福祉実践学科常勤教授。東京都の福祉職として、知的障がい児施設、児童養護施設、児童自立支援施設で勤務の後、児童相談所に児童福祉司として勤務。その後、厚生労働省児童福祉専門官、子どもの虹情報研修センター研究部長を経て現職。認定NPO法人児童虐待防止全国ネットワーク理事、「なくそう！　子どもの貧困」全国ネットワーク世話人などを務める。

『子ども福祉弁護士の仕事』刊行委員会

浦島佐登志、掛川亜季、木下淳博、木下かずえ、木村真実、黒田邦夫、小宮純一、関貴教、田部知江子、坪井節子、山田由紀子、渡邊淳子（一二人、五十音順）

子ども福祉弁護士の仕事――恩恵的福祉観から権利的福祉観へ

2020年2月28日　第1版第1刷発行
2020年3月30日　第1版第2刷発行

編著者　平湯真人
発行人　成澤壽信
編集人　齋藤拓哉
発行所　株式会社現代人文社
〒160-0004　東京都新宿区四谷2-10八ツ橋ビル7階
Tel: 03-5379-0307　Fax: 03-5379-5388
E-mail: henshu@genjin.jp（編集）　hanbai@genjin.jp（販売）
Web: www.genjin.jp
発売所　株式会社大学図書
印刷所　シナノ書籍印刷株式会社
装画・イラスト　コヤヒロカ
ブックデザイン　渡邉 雄哉（LIKE A DESIGN）

検印省略　Printed in Japan
ISBN978-4-87798-753-4　C3032